Une cuisine sage

Couverture
- Photo:
  ANDRÉ PACKWOOD
- Maquette:
  JACQUES BOURGET

Maquette intérieure
- Conception graphique:
  ANDRÉ LALIBERTÉ
- Illustrations:
  CHRISTIAN MORIN

DISTRIBUTEURS EXCLUSIFS:

- Pour le Canada:
  AGENCE DE DISTRIBUTION POPULAIRE INC.*
  955, rue Amherst, Montréal H2L 3K4 (tél.: 514-523-1182)
  *Filiale de Sogides Ltée

- Pour la France et l'Afrique:
  INTER-FORUM
  13, rue de la Glacière, 75013 Paris (tél.: 570-1180)

- Pour la Belgique, la Suisse, le Portugal, les pays de l'Est:
  S.A. VANDER
  Avenue des Volontaires 321, 1150 Bruxelles (tél.: 02-762-0662)

Louise Lambert-Lagacé / Diététiste

Une cuisine sage

avec la collaboration de
**Lison Chauvin-Désourdy,
Colette Lortie et
Elisabeth Lalonde-McLeod,
diététistes**

LES ÉDITIONS DE L'HOMME*

CANADA: 955, rue Amherst, Montréal H2L 3K4

*Division de Sogides Ltée

Du même auteur

La boîte à lunch
Comment nourrir son enfant
La diététique dans la vie quotidienne
Menu de santé

©1981 LES ÉDITIONS DE L'HOMME,
DIVISION DE SOGIDES LTÉE

Bibliothèque nationale du Québec
Dépôt légal — 1er trimestre 1981

ISBN 2-7619-0135-5

Merci

- à l'équipe de **Magazine Express,** *Marcel Lamy réalisateur, Lise Massicotte animatrice, Lucie Payeur et Nicole Leclerc script-assistantes, qui ont cru à la formule d'une cuisine santé et qui m'ont encouragée à développer et à publier ces recettes;*
- à *Elisabeth Lalonde-McLeod, qui m'a aidé par ses recherches et ses idées culinaires à planifier une première série de 26 émissions;*

- à *Colette Lortie qui a contribué à l'élaboration de plusieurs recettes et qui a scrupuleusement calculé toutes les valeurs nutritives;*
- à *Lison Chauvin-Désourdy, qui m'a appuyée dans la planification et la réalisation technique des 78 émissions;*
- à *mon "boulanger préféré", mon mari, qui a développé et cuisiné les recettes de pain et de pâtes maison;*
- à *Christian Morin qui a illustré le livre avec grand soin et une pointe d'humour...*

- à *Lise Gauthier, qui a patiemment recopié le manuscrit.*

Introduction

Une cuisine sage, c'est...

• la collection des recettes développées pour l'émission télévisée *Magazine Express* et diffusée sur les ondes de Radio-Canada de 1978 à 1981;

• la suite logique du livre *Menu de santé* qui plaidait en faveur d'une alimentation moins carnivore et plus riche en protéines d'origine végétale;

• une cuisine qui respecte les grandes directives de la "politique québécoise" en matière de nutrition et du comité français d'éducation pour la santé;

• une cuisine qui n'a rien à voir avec un "régime diététique" mais qui a tout à voir avec une alimentation mieux équilibrée;

• une centaine de recettes moins riches en gras et en sucre que les recettes traditionnelles, et plus riches en fibres alimentaires, en grains entiers, en fruits et en légumes;

• une cuisine qui revalorise les aliments peu transformés ainsi que plusieurs aliments maison; on y redécouvre le plaisir de faire du pain, des pâtes alimentaires, du fromage frais, du yogourt, des fèves germées;

• une cuisine simple à préparer qui utilise des ingrédients faciles à trouver et de prix généralement très abordable;

• une cuisine qui invite à faire des découvertes alimentaires; légumes moins connus, légumineuses inconnues et poissons étranges y occupent une place de choix!

Et comme dans l'émission, les mots de clôture appartiennent à Lise Massicotte, animatrice de *Magazine Express* et en quelque sorte, instigatrice de ce livre:

"Louise Lambert Lagacé nous communique dans un vocabulaire coloré, constamment imprégné de conviction à toute épreuve, ses secrets pour ensoleiller et équilibrer les repas quotidiens, tout en faisant revivre une cuisine "à notre santé"."

mets sans viande , à base de légumineuses

Chapitre I
Mets sans viande à base de légumineuses

Les légumineuses, du marché à votre assiette

Célèbres inconnues ou plutôt, célèbres revenantes, les légumineuses ont fait partie du menu de l'homme dès la préhistoire, il y a de cela onze mille ans! Elles ont traversé la nuit des temps et les voilà aujourd'hui, tout à fait dans le vent!

Au Québec, les légumineuses ont atteint la notoriété grâce aux fèves au lard et à la soupe aux pois.

En France, on les apprécie dans le cassoulet ou dans la soupe aux lentilles.

Au Moyen-Orient, on les aime dans l'hummus, le falafel et le couscous.

Malgré ces quelques apparitions à notre table, il faut bien admettre que, depuis le début du siècle, leur importance était bien marginale comparativement à

celle de la viande dont la consommation montait en flèche. Or, cette tendance semble avoir enfin atteint un pla-
fond; les morceaux de viande commencent à rétrécir
dans l'assiette du Nord-américain, quand ils ne dispa-
raissent pas complètement, à l'occasion. La plus
grande consommation de légumineuses qui en résulte
offre de nombreux avantages:

— Elle permet de rétablir un certain équilibre dans
notre alimentation puisque leur présence plus
régulière au menu entraîne presque automati-
quement une baisse de la teneur en matières
grasses, principales ennemies de notre santé.

— Elle favorise une répartition plus juste des aliments à travers le monde puisqu'elle permet
d'utiliser plus de céréales pour l'alimentation des
humains et moins pour le bétail.

— Elle assure une réelle économie d'argent puisqu'une alimentation contenant peu de viande
coûte invariablement moins cher.

VALEUR NUTRITIVE

Riches en protéines d'origine végétale, les légumineuses constituent le pilier nutritif d'une alimentation ren-
fermant peu ou pas de viande. Très différentes des légumes frais, elles proviennent des plantes à gousses et
présentent l'aspect de graines sèches, de formes et de
couleurs diverses. On les classifie en trois grandes familles:

— les fèves ou haricots secs: haricots blancs, noirs,
fèves rognons, fèves soya, etc.;

— les lentilles: lentilles vertes, lentilles rouges, etc.;

— les pois secs; pois cassés jaunes et verts, pois
chiches, pois de pigeon, etc.

De plus, les légumineuses contiennent des quantités
appréciables de fer, de magnésium, de zinc, de fibres alimentaires et d'acide folique, soit des éléments nutritifs

"de pointe" qui peuvent occasionnellement faire défaut dans une alimentation mal planifiée et très raffinée. Bien entendu, les richesses nutritives varient d'une légumineuse à l'autre et les bénéfices augmentent lorsqu'on en consomme toute une gamme.

RÈGLE GÉNÉRALE

250 mL (1 tasse) de légumineuses cuites renferme autant de protéines que 60 à 90 grammes (2 à 3 onces) de viande cuite et beaucoup moins de gras. Cette quantité représente une portion moyenne pour un repas.

1. VALEUR NUTRITIVE DE QUELQUES LÉGUMINEUSES

VARIÉTÉ	QUANTITÉ	CALORIES	PROTÉINES (grammes)	GRAS (grammes)	FER (milligrammes)
Fèves de Lima	250 mL (1 tasse)	262	16	1,1	5,9
Fèves mung	250 mL (1 tasse)	355	25	1,3	8,1
Fèves rognons	250 mL (1 tasse)	218	14	0,9	4,4
Fèves soya	250 mL (1 tasse)	234	20	10	4,9
Haricots blancs	250 mL (1 tasse)	222	15	1,0	5,2
Haricots noirs	250 mL (1 tasse)	337	22	1,4	7,9
Lentilles	250 mL (1 tasse)	212	16	—	4,2
Pois cassés	250 mL (1 tasse)	230	16	0,6	3,4
Pois chiches	250 mL (1 tasse)	338	20	4,6	6,9

DISPONIBILITÉ ET COÛT

La plupart des marchés d'alimentation offrent les légumineuses les plus courantes comme les haricots blancs, les pois secs entiers et cassés, les pois chiches et les fèves rognons. Les magasins spécialisés ou les centres d'aliments peu transformés vendent plusieurs autres légumineuses comme les lentilles, les fèves soya, les haricots noirs et les fèves mung. Les coûts varient selon la source d'approvisionnement et les prix les plus bas s'obtiennent dans les coopératives de consommateurs ou d'alimentation naturelle. Même au supermarché, les légumineuses se vendent à un prix remarquablement raisonnable comparé à celui de la viande.

CHOIX ET CONSERVATION

Choisir des légumineuses fermes, brillantes et de grosseur uniforme; acheter en vrac lorsque possible ou dans des sacs scellés et pesés. Conserver dans leur sac ou dans un bocal de verre; ranger dans une armoire fraîche. Il est possible d'en faire provision pour plusieurs mois, sans problème.

MODE DE PRÉPARATION

Même si l'opération s'étend sur plusieurs heures, la préparation des légumineuses demeure ultra-simple!

— Avant la cuisson, laver les légumineuses à l'eau fraîche et les trier afin d'éliminer les spécimens cassés, les brins de paille et les petites roches qui parfois s'y glissent.

— Tremper dans une eau fraîche toute une nuit ou environ dix heures; dans un grand bol, ajouter environ 1 litre (4 tasses) d'eau pour chaque 250 mL (1 tasse) de légumineuses sèches. (Les lentilles et les pois cassés font exception à la règle et ne nécessitent pas de trempage.)

— On peut cuire les légumineuses dans leur eau de trempage mais des informations récentes tendent à décourager cette pratique. Ainsi, pour diminuer les problèmes de gaz souvent associés à la consommation de légumineuses, on recommande maintenant de jeter l'eau de trempage et d'utiliser une eau fraîche pour la cuisson.

— Amener l'eau et les légumineuses à ébullition; réduire la chaleur et laisser mijoter jusqu'à ce que les légumineuses soient bien tendres. Contrairement à la mode des légumes "à peine cuits" ou des pâtes alimentaires "al dente", on augmente la digestibilité des légumineuses en les faisant bien cuire; elles doivent s'écraser facilement avec une fourchette à la fin de la cuisson.

— Consulter le tableau de cuisson pour connaître la quantité d'eau nécessaire, la durée de cuisson et le rendement pour les principales légumineuses.

— On peut raccourcir le temps de cuisson des fèves soya et des pois chiches en congelant ces légumineuses dans leur eau de trempage, une fois qu'elles ont gonflé. Après une congélation d'une journée, on les dégèle et on passe à la cuisson. Ce procédé peut réduire la cuisson d'environ une heure.

— Une fois cuites, conserver les légumineuses égouttées au réfrigérateur quelques jours ou au congélateur plusieurs mois.

— Pour décongeler à la dernière minute, cuire à la vapeur (dans une marguerite ou un tamis) les légumineuses encore gelées jusqu'à ce qu'elles amollissent; incorporer ensuite à la recette du jour.

2. TABLEAU DE CUISSON DES LÉGUMINEUSES*

POUR 250 mL (1 tasse) (NON CUITES)	TREMPAGE, ESSENTIEL	EAU DE CUISSON	DURÉE DE LA CUISSON	RENDEMENT
Fèves de Lima	OUI	500 mL (2 tasses)	1 1/2 heure	300 mL (1 1/2 tasse)
Fèves mung	OUI	750 mL (3 tasses)	1 1/2 heure	500 mL (2 tasses)
Fèves rognons	OUI	750 mL (3 tasses)	1 heure	500 mL (2 tasses)
Fèves soya	OUI	1 L (4 tasses)	3 heures	500 mL (2 tasses)
Haricots blancs	OUI	750 mL (3 tasses)	1 1/2 heure	500 mL (2 tasses)
Haricots noirs	OUI	1 L (4 tasses)	1 1/2 heure	500 mL (2 tasses)
Lentilles	NON	750 mL (3 tasses)	45 mn	550 mL (2 1/4 tasses)
Pois cassés	NON	750 mL (3 tasses)	45-60 mn	550 mL (2 1/4 tasses)
Pois chiches	OUI	1 L (4 tasses)	2 1/2-3 heures	500 mL (2 tasses)

* On peut également cuire les légumineuses dans une marmite à pression en respectant religieusement le temps de cuisson suggéré dans le manuel d'utilisation de l'appareil.

UTILISATION

Une fois les légumineuses intégrées au menu, on improvise généralement le plat du jour! Comme point de départ, on peut toutefois servir les légumineuses cuites de cinq façons bien différentes.

— **En salade:** Macérer une heure ou plus les légumineuses cuites dans une vinaigrette composée de plus de vinaigre que d'huile; ajouter des légumes crus ou cuits, des assaisonnements et incorporer du riz cuit ou des croûtons. Servir comme salade-repas.

— **En casserole:** Associer des légumineuses cuites à une sauce tomate, des pâtes alimentaires et du fromage râpé; recouvrir d'une chapelure assaisonnée et cuire au four, à la place d'un pâté chinois...

— **En potage ou en soupe:** Cuire les légumineuses dans un fond de volaille ou de légumes; ajouter de l'orge ou du riz, plein de légumes et de fines herbes; passer au mixeur pour un potage bien lisse ou servir nature pour une soupe-repas substantielle.

— **En "tartinade":** Passer au mixeur ou au robot ou simplement écraser à la fourchette des légumineuses cuites; ajouter un peu de mayonnaise, de l'oignon haché ou des marinades maison; remplacer la tranche de jambon ou de pâté dont vous garnissez habituellement votre sandwich par cette "tartinade" savoureuse et nutritive.

— **Incognito:** Dans des recettes de pain de viande, de sauces à spaghetti, de pain pizza, remplacer une partie de viande hachée par des légumineuses cuites passées au robot.

Nutri-trucs

— La consommation d'un fruit ou d'un légume (ou les deux) très riche en vitamine C, comme les agrumes, le poivron, le brocoli, le cantaloup ou le chou-fleur, au même repas que des légumineuses permet de mieux absorber le fer contenu dans les légumineuses.

— La consommation d'un produit céréalier (pain, riz, bulgur ou muffin) ou une petite portion d'un aliment d'origine animale (viande, volaille, poisson, lait, fromage ou yogourt) au même repas que des légumineuses rend pleinement efficaces les protéines contenues dans les légumineuses.

Haricots à la jamaïcaine

Ingrédients

> 250 mL (1 tasse) de haricots blancs secs trempés pendant une nuit
> 1 litre (4 tasses) d'eau
> 2 oignons moyens émincés
> 1 poivron haché finement
> 15 mL (1 c. à soupe) d'huile de maïs
> 398 mL (14 onces) de tomates en conserve égouttées
> 1 branche de céleri hachée finement
> 60 g (2 onces) de jambon maigre cuit, coupé en dés
> 30 mL (2 c. à soupe) de mélasse
> 60 mL (1/4 de tasse) de rhum brun
> Une pincée de poudre de chili, de thym et de poivre noir
> 5 mL (1 c. à café) de moutarde sèche
> 5 mL (1 c. à café) de sel

Mode de préparation

1. Cuire les haricots dans l'eau environ 50 minutes; égoutter et déposer dans un plat allant au four.
2. Régler le four à 180°C (350°F).
3. Dans une casserole, dorer les oignons et le poivron dans l'huile quelques minutes.
4. Écraser les tomates à l'aide d'une fourchette et ajouter avec le céleri aux autres légumes; cuire 2 minutes.
5. Incorporer le jambon et les légumes au plat de haricots.
6. Dans un petit bol, mélanger la mélasse, le rhum et les épices; verser sur le mélange des haricots et mêler délicatement.
7. Cuire au four 30 à 40 minutes.

Donne 4 portions.

valeur nutritive comparée

1 portion contient:

- 336 calories
- 16,4 grammes de protéines ou l'équivalent de deux onces de viande
- 3,5 grammes de gras
- 7 mg de fer

120 grammes (4 onces) de **saucisses de porc** contiennent:

- 204 calories de plus
- légèrement plus de protéines
- 13 fois plus de gras
- 2 fois et demi moins de fer

Haricots rouges aux fines herbes

Ingrédients

2 gousses d'ail émincées
1 gros oignon émincé
1 gros poivron coupé finement
4 branches de céleri coupées en morceaux de 5 cm (2 po)
10 mL (2 c. à café) d'huile de maïs
2 ou 3 tomates fraîches pelées et coupées en morceaux ou 3 tomates en conserve égouttées
1 bouquet garni (4 brins de persil et 1 brindille de thym attachés ensemble)
1 feuille de laurier
5 mL (1 c. à café) de sel
2 mL (1/2 c. à café) de poivre
625 mL (2 1/2 tasses) de haricots rouges cuits et égouttés (250 mL ou 1 tasse avant cuisson)
60 g (2 onces) de jambon maigre, cuit et coupé en dés
30 mL (2 c. à soupe) de persil frais haché
30 mL (2 c. à soupe) de ciboulette fraîche hachée
125 mL (1/2 tasse) de fromage parmesan râpé

Mode de préparation

1. Dans une grande casserole, dorer l'ail, l'oignon, le poivron et le céleri dans l'huile de maïs.
2. Ajouter les tomates, le bouquet garni, la feuille de laurier, le sel et le poivre.
3. Mijoter environ 30 minutes.
4. Ajouter les haricots, le jambon, le persil et la ciboulette.
5. Continuer de cuire sur feu doux environ 15 minutes.
6. Retirer du feu et saupoudrer de fromage parmesan. Servir aussitôt.

Donne 4 portions.

valeur
nutritive
comparée

1 portion contient:

- 318 calories
- 18,6 grammes de protéines ou l'équivalent de 2 1/2 onces de viande
- 8,5 grammes de gras
- 4,3 mg de fer

250 mL (1 tasse) de **macaroni au fromage** contient:

- 152 calories de plus
- même quantité de protéines
- 3 fois plus de gras
- 2 fois moins de fer

Hummus

Ingrédients

60 mL (1/4 de tasse) de graines de sésame grillées
60 mL (1/4 de tasse) d'eau
85 mL (1/3 de tasse) de jus de citron fraîchement
pressé
2 gousses d'ail émincées
Sel, poivre de Cayenne ou *poudre de chili, au goût*
540 mL (19 onces) de pois chiches en conserve
égouttés ou *500 mL (2 tasses) de pois chiches cuits*

Mode de préparation

1. Dans le bol en verre du mixeur ou du robot, disposer les graines de sésame, l'eau, le jus de citron, l'ail, les assaisonnements et réduire en purée lisse.
2. Verser la moitié de la préparation dans un autre bol.
3. Ajouter la moitié des pois chiches dans le bol du mixeur et réduire en purée lisse.
4. Ajouter le reste des ingrédients et continuer l'opération.
5. Servir comme trempette ou comme "tartinade" santé.
6. Se conserve au réfrigérateur plusieurs jours.

Donne 500 mL (2 tasses).

Une portion équivaut à 30 mL (2 c. à soupe).

NOTE: On peut remplacer l'ail par 30 mL (2 c. à soupe) d'oignon émincé et assaisonner avec de l'origan, du basilic et du persil.

valeur
nutritive
comparée

1 portion contient:

- 44 calories
- 2,2 grammes de protéines
- 1,2 grammes de gras

La même portion de **fromage à la crème** contient:

- 66 calories de plus
- la même quantité de protéines
- 8 fois plus de gras

Lentilles burger

Ingrédients

250 mL (1 tasse) de lentilles sèches
125 mL (1/2 tasse) de riz brun non cuit
750 mL (3 tasses) d'eau de cuisson de légumes
2 tranches de pain de blé entier réduites en chapelure
125 mL (1/2 tasse) de germe de blé
1 oignon émincé
2 mL (1/2 c. à café) de marjolaine
2 mL (1/2 c. à café) de sel
2 mL (1/2 c. à café) de poivre
Germe de blé pour recouvrir les croquettes

Mode de préparation

1. Dans une grande casserole, combiner les trois premiers ingrédients. Cuire à feu doux environ 45 minutes, jusqu'à ce que le riz soit cuit et les lentilles tendres. Retirer du feu et laisser reposer 10 minutes.
2. Mettre le tout en purée au mixeur ou à la fourchette.
3. Ajouter la chapelure, le germe de blé, l'oignon et les assaisonnements.
4. Façonner en croquettes et enrober de germe de blé supplémentaire.
5. Dans un grand poêlon, cuire environ 10 minutes dans un peu d'huile, en dorant les deux côtés.

Donne environ 10 croquettes.

valeur
nutritive
comparée

1 croquette contient:

- 135 calories
- 7,3 grammes de protéines
- 1,1 gramme de gras
- 2,2 mg de fer

2 tranches de **saucisson de Bologne** contiennent:

- 40 calories de plus
- pas plus de protéines
- 15 fois plus de gras
- 2 fois moins de fer

Pain de légumineuses avec sauce tomate et fromage

Ingrédients

1 oignon émincé
1 gousse d'ail émincée
10 mL (2 c. à café) d'huile de maïs
750 mL (3 tasses) de légumineuses cuites (pois chiches, fèves noires, rognons ou de Lima) passées au mixeur ou au robot ou bien écrasées à la four-chette
2 carottes râpées
2 oeufs battus
5 mL (1 c. à café) de sel
5 mL (1 c. à café) de sarriette
2 tranches de pain de blé entier réduites en chapelure

Mode de préparation

1. Dorer l'oignon et l'ail dans l'huile.
2. Dans un grand bol, mélanger l'oignon et l'ail avec tous les autres ingrédients.
3. Verser le mélange dans un moule à pain graissé. Bien presser.
4. Cuire dans un four à 180°C (350 °F) environ 1 heure.
5. Pendant les dix dernières minutes de cuisson, verser 125 mL (1/2 tasse) de sauce sur le pain.

Donne 6 portions.

Sauce tomate et fromage

Ingrédients

30 mL (2 c. à soupe) d'huile de maïs
30 mL (2 c. à soupe) de farine de blé entier
500 mL (2 tasses) de lait écrémé
90 g (3 onces) de pâte de tomate
5 mL (1 c. à café) de sel
5 mL (1 c. à café) d'origan
85 mL (1/3 de tasse) de fromage parmesan râpé

Mode de préparation

1. Lier la farine à l'huile et cuire environ 2 minutes.
2. Ajouter la moitié du lait et cuire en brassant jusqu'à épaississement.
3. Ajouter le reste du lait, la pâte de tomate, le sel, l'origan et le fromage râpé.
4. Verser sur le pain à la fin de la cuisson et au moment de servir.

valeur
nutritive
comparée

1 portion avec sauce contient:
- 306 calories
- 15,2 grammes de protéines ou l'équivalent de 2 onces de viande
- 11 grammes de gras

1 tranche de **pain de viande** avec sauce contient:
- 70 calories de plus
- pas plus de protéines
- 2 fois plus de gras

Pain pizza aux fèves rognons

Ingrédients

    500 mL (2 tasses) de fèves rognons cuites
    ou
    250 mL (1 tasse)avant cuisson
    156 g (5 1/2 onces) de pâte de tomate
    125 mL (1/2 tasse) de tomates en conserve
    égouttées
    60 mL (1/4 de tasse) d'oignon émincé
    2 gousses d'ail émincées
    Origan, sel et poivre
    1/2 pain croûté ou 8 petits pains tranchés en deux
    dans le sens de la longueur
    180 à 240 g (6 à 8 onces) de fromage Mozarella
    partiellement écrémé, tranché mince

Mode de préparation

1. Écraser les fèves rognons à la fourchette ou réduire légèrement en purée au mixeur.
2. Ajouter tous les autres ingrédients, excepté le pain et le fromage Mozzarella.
3. Mélanger et assaisonner au goût.
4. Retirer un peu de mie à l'intérieur du pain croûté.
5. Étendre le mélange sur le pain.
6. Faire cuire dans un four à 220°C (425°F) environ dix minutes.
7. Retirer du four et recouvrir de tranches de fromage Mozzarella; remettre au four et laisser fondre le fromage.

Donne 8 portions.

valeur
nutritive
comparée

1 portion contient:

- 248 calories
- 14,3 grammes de protéines ou l'équivalent de 2 onces de viande
- 5,7 grammes de gras

1 pointe de **pizza garnie** contient:

- 67 calories de plus
- la même quantité de protéines
- presque 3 fois plus de gras

Pâté de légumineuses à tartiner

Ingrédients

> *250 mL (1 tasse) de légumineuses cuites (fèves soya, pois chiches, fèves rognons, etc.) ou en conserve*
> *30 mL (2 c. à soupe) d'oignon vert émincé*
> *30 mL (2 c. à soupe) de marinade maison aux tomates ou de mayonnaise*
> *Persil frais haché*
> *Jus de citron ou vinaigre de cidre*
> *Sel et poivre*

Mode de préparation

1. Réduire en purée les légumineuses à l'aide du mixeur ou du robot.
2. Ajouter les oignons verts puis la marinade *ou* la mayonnaise et continuer de bien mélanger.
3. Ajouter le persil, le jus de citron *ou* le vinaigre au goût, puis le sel et le poivre.

Donne environ 250 mL (1 tasse) de mélange.

Prévoir 30 mL (2 c. à soupe) par sandwich.

NOTE: Ce pâté mystère se tartine bien et se conserve facilement une semaine au réfrigérateur, rangé dans un contenant bien fermé.

valeur nutritive comparée

1 portion contient:
- 63 calories
- 2 grammes de protéines
- 3 grammes de gras

La même portion de **pâté de foie** contient:
- 105 calories de plus
- plus de protéines
- 5 fois plus de gras

Riz et haricots noirs avec sauce salsa

Ingrédients

1 gousse d'ail émincée
1 oignon émincé
1 gros poivron haché finement
15 mL (1 c. à café) d'huile de maïs
750 mL (3 tasses) de haricots noirs cuits (375 mL ou
1 1/2 tasse avant cuisson)
125 à 185 mL (1/2 à 3/4 de tasse) de jus de tomate
Sel et poivre
750 mL (3 tasses) de riz cuit chaud (250 mL ou
1 tasse avant cuisson)
5 mL (1 c. à café) d'origan

Mode de préparation

1. Dans une casserole, dorer l'ail, l'oignon et le poivron dans l'huile de maïs quelques minutes.
2. Ajouter les haricots cuits, le jus de tomate et l'origan.
3. Assaisonner au goût et garder au chaud.
4. Sur le riz cuit, servir une portion de haricots et recouvrir d'une bonne quantité de sauce salsa.

Donne 4 portions.

Sauce salsa (à préparer la veille)

Ingrédients

412 mL (14 1/2 onces) de tomates en conserve égouttées
185 mL (3/4 de tasse) d'oignons espagnols émincés
1 gousse d'ail émincée
15 mL (1 c. à soupe) de vinaigre de cidre ou de vin
5 mL (1 c. à café) d'huile de maïs ou d'olive
2 mL (1/2 c. à café) de sel
Quelques gouttes de Tabasco

Mode de préparation

1. Dans un petit bol, écraser les tomates à la fourchette.
2. Ajouter les autres ingrédients et bien mélanger.
3. Verser le mélange dans un bocal et réfrigérer environ deux heures avant d'utiliser afin de bien mariner.

Donne 375 mL (1 1/2 tasse) de sauce.

1 portion contient:
- 360 calories
- 17,1 grammes de protéines
- 5,7 grammes de gras

1 bifteck de 180 grammes (6 onces) contient:
- 276 calories de plus
- 2 fois plus de protéines
- presque 9 fois plus de gras

Salade de riz et de pois chiches

Íngrédients

20 mL (4 c. à café) d'huile de maïs
20 mL (4 c. à café) de vinaigre de vin
4 mL (3/4 c. à café) de sel
2 mL (1/2 c. à café) de basilic
2 mL (1/2 c. à café) de thym
500 mL (2 tasses) de riz brun cuit et refroidi
500 mL (2 tasses) de pois chiches cuits et refroidis
2 poivrons coupés en lamelles
2 tomates moyennes coupées en morceaux
125 mL (1/2 tasse) d'oignon émincé

Mode de préparation

1. Dans un grand saladier, mélanger l'huile, le vinaigre, le sel et les fines herbes.
2. Ajouter le riz, les pois chiches et l'oignon émincé.
3. Mélanger légèrement et laisser mariner au réfrigérateur au moins 1 heure *ou* une nuit si désiré.
4. Au moment de servir, ajouter les tomates et les poivrons. Bien mélanger.

Donne 4 portions généreuses.

1 portion contient:
- 295 calories
- 10,4 grammes de protéines, soit l'équivalent d'une once et demie de viande
- 6,6 grammes de gras
- 3,4 mg de fer

1 pâté individuel au poulet congelé contient:
- 155 calories de plus
- plus de protéines
- presque 4 fois plus de gras

Salade de lentilles

Ingrédients

2 oeufs cuits durs coupés en quartiers
2 tomates fraîches coupées en quartiers
250 mL (1 tasse) de lentilles non cuites
1 poivron émincé
2 petits oignons verts émincés

Vinaigrette

45 mL (3 c. à soupe) de vinaigre de vin
30 mL (2 c. à soupe) d'huile de tournesol, d'olive ou de maïs
5 mL (1 c. à café) de sel
5 mL (1 c. à café) de moutarde de Dijon
Poivre au goût

Mode de préparation

1. Dans une casserole, verser les lentilles et les recouvrir d'eau.
2. Cuire les lentilles jusqu'à ce qu'elles soient tendres mais non défaites, soit environ 30 à 45 minutes.
3. Égoutter et déposer dans un saladier. Mettre au réfrigérateur quelques heures.
4. Préparer la vinaigrette en mélangeant tous les ingrédients; verser sur les lentilles.
5. Ajouter le poivron et les oignons verts et bien mélanger.
6. Décorer avec les quartiers d'oeufs durs et de tomates et servir sur un lit de laitue.

Donne 4 portions.

valeur
nutritive
comparée

1 portion contient:

- 284 calories
- 15,5 grammes de protéines, soit l'équivalent de 2 onces de viande
- 4 mg de fer

1 portion de **salade au macaroni** contient:

- 51 calories de plus
- 2 fois moins de protéines
- 4 fois moins de fer

Salade de légumineuses aux herbes

Ingrédients

250 mL (1 tasse) de haricots blancs secs, trempés pendant une nuit (625 mL ou 2 1/2 tasses de haricots cuits)
1 oignon coupé en deux
2 gousses d'ail émincées
2 bouquets garnis (persil, thym et feuille de laurier)
2 clous de girofle
750 mL (3 tasses) de lentilles cuites (250 mL ou 1 tasse avant cuisson)
15 mL (1 c. à soupe) de moutarde de Dijon
30 mL (2 c. à soupe) de vinaigre de cidre
45 mL (3 c. à soupe) d'huile de tournesol
5 mL (1 c. à café) de sarriette séchée
5 mL (1 c. à café) d'estragon séché
5 mL (1 c. à café) de ciboulette fraîche hachée
5 mL (1 c. à café) de sel
Poivre noir frais moulu
6 oignons verts émincés
60 mL (1/4 de tasse) de persil frais haché
125 mL (1/2 tasse) de céleri haché
Verdures croustillantes

Mode de préparation

1. Mettre les haricots blancs déjà trempés dans une casserole contenant environ 1 litre (4 tasses) de leur eau de trempage.
2. Ajouter une moitié d'oignon piquée d'un clou de girofle, une gousse d'ail et un bouquet garni.
3. Faire mijoter 1 heure à feu moyen et égoutter. Jeter le bouquet garni.
4. Mettre les lentilles dans une autre casserole avec 1 litre (4 tasses) d'eau.

5. Ajouter comme précédemment une moitié d'oignon, une gousse d'ail, un bouquet garni et un clou de girofle.

6. Faire mijoter 45 minutes seulement; égoutter et jeter les herbes.

7. Dans un petit bol, délayer la moutarde avec le vinaigre; verser l'huile sur ces ingrédients, en filet, en remuant le mélange sans arrêt et ajouter les fines herbes et le poivre.

8. Verser cette vinaigrette dans un grand saladier et y ajouter les haricots, les lentilles, les oignons verts, le céleri et le persil.

9. Bien mélanger et laisser macérer environ 1 heure au réfrigérateur. Servir sur des verdures croustillantes.

Donne 6 portions.

NOTE: Les légumineuses peuvent être cuites à l'avance. Cette salade macérée se conserve 2 à 3 jours au réfrigérateur. Elle constitue un plat de résistance qui fait merveille dans la boîte à lunch ou en pique-nique.

1 portion contient:
- 260 calories
- 14,1 grammes de protéines, soit l'équivalent de 2 onces de viande
- 7,6 grammes de gras
- 4,6 mg de fer

3 bouts de **saucisse fumée** contiennent:
- 112 calories de plus
- un peu plus de protéines
- presque 4 fois plus de gras
- 2 fois et demi moins de fer

Sauce spaghetti aux lentilles

Ingrédients

250 mL (1 tasse) d'oignon émincé
2 gousses d'ail émincées
15 mL (1 c. à soupe) d'huile de maïs ou de tournesol
250 mL (1 tasse) de lentilles sèches, rincées et triées
500 mL (2 tasses) de bouillon de poulet, d'eau de cuisson de légumes ou d'eau
156 mL (5 1/2 onces) de pâte de tomate ou 200 mL (3/4 de tasse) de sauce tomate maison
120 g (4 onces) de champignons frais coupés en petits morceaux
2 mL (1/2 c. à café) d'origan
1 mL (1/4 c. à café) de basilic
Sel et poivre
Fromage parmesan râpé (environ 30 grammes ou 1 once par partion)

Mode de préparation

1. Dans une grande casserole, dorer l'oignon et l'ail dans l'huile quelques minutes.
2. Ajouter les lentilles et le bouillon; couvrir et laisser mijoter environ 30 à 40 minutes jusqu'à ce que les lentilles soient tendres mais non défaites.
3. Incorporer la pâte de tomate ou sauce tomate, les champignons, les herbes et les assaisonnements.
4. Laisser mijoter à nouveau 10 à 15 minutes.
5. Servir sur du spaghetti; saupoudrer de fromage.

Donne 4 portions.

1 portion avec 250 mL (1 tasse) de spaghetti contient:

- 492 calories
- 25 grammes de protéines, soit l'équivalent de 3 1/2 onces de viande
- 6,4 grammes de gras
- 6,9 mg de fer

La même portion de **spaghetti avec sauce à la viande, tomate et fromage** contient:

- 228 calories de plus
- 37% plus de protéines
- 4 fois plus de gras

Soupe-repas aux pois cassés

Ingrédients

2 oignons moyens émincés
30 mL (2 c. à soupe) d'huile de maïs
5 mL (1 c. à café) de graines de céleri
1 feuille de laurier
250 mL (1 tasse) de pois verts cassés non trempés
125 mL (1/2 tasse) d'orge perlé ou mondé
2 1/2 litres (10 tasses) de fond de volaille ou de bouillon de légumes
5 à 10 mL (1 à 2 c. à café) de sel et de poivre
3 carottes émincées
1 pomme de terre coupée en dés
2 mL (1/2 c. à café) de basilic
3 brindilles de thym frais ou 2 mL (1/2 c. à café) de thym séché
125 mL (1/2 tasse) de persil frais haché

Mode de préparation

1. Dorer les oignons dans l'huile avec les graines de céleri et la feuille de laurier.
2. Ajouter les pois cassés et l'orge.
3. Ajouter le liquide et amener à ébullition; cuire sur feu moyen environ une heure et demie.
4. Ajouter le sel, le poivre, les légumes et les herbes; réduire le feu et mijoter 30 minutes additionnelles.

Donne 8 à 9 portions de 250 mL (1 tasse).

NOTE: Cette soupe est encore meilleure réchauffée.

valeur
nutritive
comparée

1 portion contient:
- 197 calories
- 8,3 grammes de protéines
- 3,9 grammes de gras
- 2,1 mg de fer

375 mL ou 1 1/2 tasse de **soupe aux pois traditionnelle** contient:
- 40 calories de plus
- 30% plus de protéines
- presque 2 fois plus de gras
- 3 fois moins de fer

Soupe-repas aux trois légumineuses

Ingrédients

2 oignons tranchés minces
1 gousse d'ail émincée
15 mL (1 c. à soupe) d'huile de maïs
796 mL (28 onces) de tomates en conserve
500 mL (2 tasses) de fèves rognons cuites*
500 mL (2 tasses) de fèves de Lima cuites*
500 mL (2 tasses) de pois chiches cuits*
45 mL (3 c. à soupe) de pâte de tomate
5 mL (1 c. à café) de sel
2 mL (1/2 c. à café) d'origan
2 mL (1/2 c. à café) de poivre
100 grammes (3 1/4 onces) de fromage Mozzarella
partiellement écrémé, râpé

Mode de préparation

1. Dans une grande casserole, dorer les oignons et l'ail dans l'huile jusqu'à ce qu'ils soient tendres, en brassant à l'occasion.
2. Ajouter les tomates légèrement écrasées et les fèves rognons.
3. Ajouter le reste des ingrédients, excepté le fromage.
4. Mélanger le tout et cuire sur feu élevé jusqu'à ébullition.
5. Abaisser la température, couvrir et mijoter 20 minutes.
6. Ajouter le fromage et mélanger jusqu'à ce qu'il fonde.
7. Servir dans des bols à soupe.

Donne 6 bonnes portions.

* On peut remplacer 500 mL (2 tasses) de légumineuses cuites à la maison par 540 mL (19 onces) de légumineuses en conserve; à ce moment-là, on soustrait le sel de la recette puisque les légumineuses en conserve sont déjà salées. On peut également utiliser des haricots blancs ou noirs à la place des fèves rognons et de Lima.

valeur
nutritive
comparée

1 portion contient:
- 378 calories
- 20 grammes de protéines, soit l'équivalent de 3 onces de viande
- 9,7 grammes de gras
- 6 mg de fer

1 portion de **ragoût de boulettes (3 à 4 boulettes...)** contient:
- 172 calories de plus
- même quantité de protéines
- 4 1/2 fois plus de gras
- presque 2 fois moins de fer

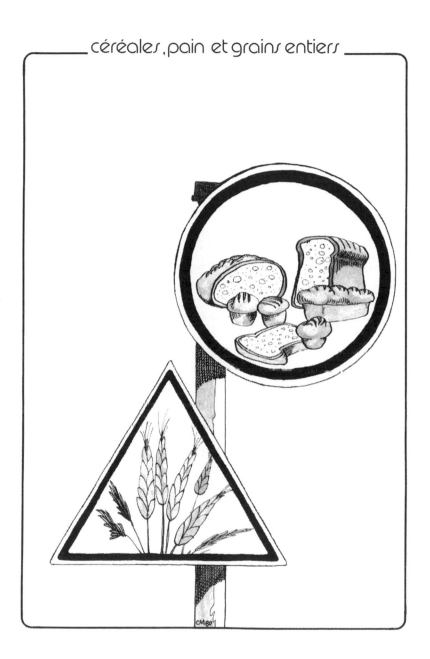

Chapitre II
Céréales, pain et grains entiers

Les grains entiers, du marché à votre assiette

Saviez-vous:

— Que les céréales sèches du petit déjeuner ne représentent qu'une infime fraction de la moisson mondiale de céréales?

— Que près de 60% de la récolte américaine de céréales sert à nourrir les animaux de boucherie et que ces derniers doivent en manger environ douze livres pour produire une livre de viande?

— Que notre consommation totale de céréales a diminué de moitié depuis le début du siècle?

— Que la production de céréales exige beaucoup moins d'énergie et de terre arable que celle d'autres aliments?

— Que plusieurs céréales constituent encore la base de l'alimentation des deux tiers de l'humanité? (Pensons au riz des Chinois, au maïs des Mexicains, au couscous des Nord-Africains et au millet des Africains du centre.)

— Qu'une consommation plus grande de céréales à grains entiers est vivement recommandée par les autorités du domaine de la santé comme le comité sénatorial américain sur la nutrition et les besoins humains, le ministère des Affaires sociales du Québec, Santé et Bien-être social Canada et le comité français d'éducation pour la santé?

L'indifférence actuelle face aux produits céréaliers s'explique sans doute par la mauvaise presse qu'ils ont reçue depuis nombre d'années. Étiquetés "simples féculents" ou encore "hydrates de carbone engraissants" par les promoteurs de régimes ultra-populaires, on les a volontairement délaissés, croyant franchement inutile et nocive cette fameuse bande des quatres P: Pâtes, Pain, Pommes de terre et Pâtisseries.

Mises à part les pâtisseries dont la cause est franchement mauvaise et la pomme de terre qui n'est pas une céréale, pâte et pain ainsi que tous les produits céréaliers à grains entiers (farines, semoules et céréales à cuire) méritent une meilleure réputation car ils contiennent une quantité surprenante d'éléments nutritifs: protéines d'origine végétale, fer, cuivre, chrome, fibres alimentaires, vitamines du complexe B et vitamine E.

Seulement quatre tranches de pain de blé entier ou l'équivalent en produits céréaliers à grains entiers, soit une consommation minimale, fournissent un pourcentage important des éléments nutritifs nécessaires dans une journée.

3. ÉLÉMENTS NUTRITIFS CONTENUS DANS QUATRE TRANCHES DE PAIN DE BLÉ ENTIER

ÉLÉMENTS NUTRITIFS	% des besoins quotidiens de l'adulte	
	Homme	Femme
12 grammes de **protéines**	21%	29%
2,8 mg de **fer**	28%	20%
120 mg de **calcium**	15%	17%
92 mg de **magnésium**	30%	36%
5,4 EN **niacine**	27%	38%
64 mcg d'**acide folique**	32%	32%
1,08 mg de **vitamine E**	12%	18%
4 grammes de **gras**	soit deux fois moins qu'*une once* de boeuf	
Aucune trace de **cholestérol**		
6 grammes de **fibres alimentaires**	soit 37% de la quantité quotidienne jugée bénéfique	
280 **calories** seulement	soit 120 calories de moins qu'un petit morceau de gâteau blanc glacé	

Il y a donc lieu de redonner une place de choix aux produits céréaliers à grains entiers: non seulement ils favorisent un plus grand respect de l'environnement et une économie d'énergie, mais ils peuvent aussi améliorer de façon certaine nos habitudes alimentaires.

Il ne suffit pas d'inclure des céréales sèches ou chaudes à l'heure du petit déjeuner mais bien d'agrandir le répertoire de recettes utilisant des grains entiers. Il faut partir à la découverte de céréales moins connues et peu raffinées comme l'orge mondé, le millet, le bulgur ou le blé concassé, le riz brun, etc. et refaire alliance avec le pain jusqu'à en préparer toute une gamme à la maison.

4. VALEUR NUTRITIVE DE QUELQUES CÉRÉALES ET PRODUITS CÉRÉALIERS

CÉRÉALES	QUANTITÉ (CUITE)	CALORIES	PROTÉINES (grammes)	GRAS (grammes)	FER (milligrammes)
Bulgur ou blé concassé	250 mL (1 tasse)	200	6,0	0,9	2,1
Gruau	250 mL (1 tasse)	132	4,8	2,4	1,4
Gruau de sarrazin	250 mL (1 tasse)	218	7,6	1,7	1,6
Maïs (semoule de)	250 mL (1 tasse)	144	3,7	0,6	1,5
Millet	250 mL (1 tasse)	190	5,7	1,7	3,9
Orge mondé	250 mL (1 tasse)	198	5,5	3,0	2,1
Riz brun	250 mL (1 tasse)	232	4,9	1,6	1,0
Riz sauvage	250 mL (1 tasse)	141	5,6	0,3	1,7
Son de blé	15 mL (1 c. à soupe)	7	0,5	0,1	0,5
Germe de blé	15 mL (1 c. à soupe)	19	1,4	0,5	0,5
Pain de blé entier	30 grammes (1 tranche)	73	3	1	0,7
Pâtes alimentaires enrichies	250 mL (1 tasse)	164	5	1	2,4

DISPONIBILITÉ ET COÛT

La plupart des marchés d'alimentation offrent les céréales à cuire les plus courantes comme le riz brun, le gruau de sarrazin ("Kasha"), le gruau d'avoine et l'orge perlé. Pour compléter, les magasins européens ou orientaux, les coopératives et les magasins d'aliments naturels vendent des céréales comme le bulgur, le blé concassé, la semoule, le millet, l'orge mondé, etc. Les coûts varient légèrement selon la source d'approvisionnement mais il ne semble pas y avoir d'endroits spécifiques aux meilleurs achats comme dans le cas des légumineuses.

CHOIX ET CONSERVATION

Acheter en vrac lorsque possible ou dans des sacs scellés et pesés. Conserver dans leur sac ou dans un bocal de verre et ranger dans une armoire fraîche. Il est possible d'en faire provision pour plusieurs mois sans problème.

MODE DE PRÉPARATION

Préparer les céréales à grains entiers moins connues comme le gruau ou le riz: vérifier au Tableau 5 la quantité de liquide requise et la durée de cuisson pour chaque céréale. Utiliser l'eau de cuisson des légumes, un fond de volaille ou un consommé dilué comme liquide de cuisson pour rehausser la saveur et la valeur nutritive des céréales.

5. TABLEAU DE CUISSON DES GRAINS ENTIERS

CÉRÉALES CRUES 250 mL (1 tasse)	LIQUIDE DE CUISSON	DURÉE DE LA CUISSON	RENDEMENT
Bulgur ou blé cocassé	500 mL (2 tasses)	15 à 25 minutes	625 mL (2 1/2 tasses)
Gruau régulier	500 mL (2 tasses)	10 à 15 minutes	435 mL (1 2/3 tasse)
Gruau de sarrazin ("Kasha")	500 mL (2 tasses)	15 minutes	625 mL (2 1/2 tasses)
Maïs (semoule de)	1 L (4 tasses)	25 à 30 minutes	750 mL (3 tasses)
Millet	750 mL (3 tasses)	45 minutes	875 mL (3 1/2 tasses)
Orge mondé	1 L (4 tasses)	1 heure	1125 mL (4 1/2 tasses)
Riz brun	500 mL (2 tasses)	45 minutes	750 mL (3 tasses)
Riz sauvage (trempé 8 heures)	1 L (4 tasses)	20 minutes	1 L (4 tasses)

Pour augmenter la présence de grains entiers au menu, il suffit de

— Remplacer totalement ou partiellement la farine blanche demandée dans une recette par de la farine de blé entier; cette dernière étant plus lourde, utiliser 225 mL (7/8 de tasse) au lieu de 250 mL (1 tasse).

— Faire de la chapelure avec du pain de blé entier au lieu d'utiliser une chapelure toute préparée au pain blanc.

— Remplacer totalement ou partiellement le riz blanc par du riz brun; ceci donne au plat préparé

54

la saveur de noisette caractéristique du riz complet.

— Servir du millet, du bulgur, du blé concassé ou de l'orge à la place du riz dans un pilaf ou une casserole.

— Utiliser du millet, du bulgur ou du blé concassé comme base de mets principal et ajouter de petites quantités de volaille, de viande, de poisson ou de fromage râpé; compléter avec des légumes et des assaisonnements.

— Cuire lentement une céréale dans un jus de pomme ou du lait; additionner d'épices, de fruits séchés et d'un soupçon de miel pour un super petit déjeuner ou même pour un dessert plus substantiel.

— Ajouter du son ou du germe de blé dans du gruau, dans des recettes de pain, de muffins ou de biscuits pour augmenter la teneur en fibres alimentaires et en minéraux.

Nutri-trucs

— La consommation d'une petite quantité de viande, de volaille ou de poisson (une once ou 30 grammes) au même repas qu'un produit céréalier permet de mieux absorber le fer contenu dans les céréales. Par exemple, le pilaf de légumes devient une meilleure source de fer lorsqu'on y ajoute un peu de poulet ou de veau.

— La consommation d'un fruit ou d'un légume riche en vitamine C, comme les agrumes, le poivron, le brocoli, les choux de Bruxelles ou le cantaloup, au même repas qu'un produit céréalier permet de mieux absorber le fer contenu dans le produit céréalier. Par exemple, l'orange ou son jus consommé avant le bol de gruau, le pain grillé ou le muffin augmente la quantité de fer absorbée au cours de ce petit déjeuner.

Biscuits sages et bons

Ingrédients

> *250 mL (1 tasse) de farine de blé entier*
> *500 mL (2 tasses) de gruau d'avoine*
> *85 mL (1/3 de tasse) de poudre de lait écrémé*
> *2 mL (1/2 c. à café) de sel*
> *5 mL (1 c. à café) de cannelle*
> *2 mL (1/2 c. à café) de muscade*
> *85 mL (1/3 de tasse) de cassonade*
> *170 mL (2/3 de tasse) de raisins secs*
> *185 mL (3/4 de tasse) de noix ou de graines de tournesol hachées finement*
> *2 oeufs*
> *60 mL (1/4 de tasse) d'huile de maïs ou de tournesol*
> *125 mL (1/2 tasse) de lait 2% ou écrémé*

Mode de préparation

1. Régler le four à 180°C (350°F).
2. Dans un grand bol, mélanger les 7 premiers ingrédients.
3. Incorporer les raisins secs et les noix.
4. Dans un autre bol, battre les oeufs et ajouter l'huile et le lait.
5. Verser les ingrédients liquides sur les ingrédients secs et bien mélanger jusqu'à ce que la préparation soit homogène.
6. Déposer à la cuillère sur une tôle à biscuits non graissée.
7. Cuire au four de 10 à 12 minutes.

Donne 4 douzaines de biscuits.

valeur
nutritive
comparée

1 biscuit contient:

- 60 calories
- 1,8 grammes de protéines
- 2,7 grammes de gras

1 biscuit commercial à la farine d'avoine contient:

- 26 calories de plus
- un peu moins de protéines
- 10% plus de gras

Carrés d'énergie

Ingrédients

250 mL (1 tasse) de farine de blé entier
250 mL (1 tasse) de gruau d'avoine
60 mL (1/4 de tasse) de poudre de lait écrémé
5 mL (1 c. à café) de poudre à pâte
60 mL (1/4 de tasse) de germe de blé
85 mL (1/3 de tasse) de raisins secs
125 mL (1/2 tasse) de noix hachées
2 oeufs
125 mL (1/2 tasse) d'huile de maïs
85 mL (1/3 de tasse) de miel

Mode de préparation

1. Régler le four à 180°C (350°F).
2. Huiler un moule carré de 22 × 22 cm (9 × 9 po)
3. Dans un grand bol, mélanger les ingrédients secs.
4. Dans un autre bol, mélanger les oeufs, l'huile et le miel et ajouter aux ingrédients secs; mêler jusqu'à ce que le mélange soit bien homogène.
5. Verser dans le moule à pain et cuire au four environ 35 minutes.
6. Refroidir et couper en carrés.

Donne 25 carrés de 4 1/2 × 4 1/2 × 2 cm (2 × 2 × 3/4 po).

NOTE: Ils se transportent sans problème dans la boîte à lunch ou le sac à dos!

1 carré contient:

- 111 calories
- 2 grammes de protéines
- 6 grammes de gras

1 brownie contient:

- 35 calories de plus
- pas plus de protéines
- 33% plus de gras

Céréales chaudes vite préparées

Ingrédients

500 mL (2 tasses) de gruau d'avoine
250 mL (1 tasse) d'orge mondé ou perlé
250 mL (1 tasse) de millet
250 mL (1 tasse) de graines de tournesol hachées
250 mL (1 tasse) de fruits séchés

Mode de préparation

1. Dans un grand bol, mélanger les céréales.
2. Le soir, en mesurer une quantité pour la famille et ajouter environ 45 mL (3 c. à soupe) de fruits séchés pour chaque 250 mL (1 tasse) de céréales mélangées.
3. Déposer dans une casserole et recouvrir d'eau; mettre le couvercle et laisser reposer toute la nuit.
4. À l'heure du petit déjeuner, amener à ébullition puis mijoter 2 à 3 minutes.
5. Servir chaud avec du lait.

250 mL (1 tasse) de céréales non cuites donne environ 500 mL (2 tasses) de céréales cuites.

Une portion équivaut à 185 mL (3/4 de tasse) de céréales cuites et 125 mL (1/2 tasse) de lait

valeur nutritive comparée

1 portion contient:
- 310 calories
- 11,5 grammes de protéines
- 7 grammes de gras
- 2,3 grammes de fibres alimentaires

un déjeuner comprenant **2 oeufs avec bacon et pain grillé beurré** contient:
- 158 calories de plus
- plus de protéines
- 5 fois plus de gras
- 7 fois moins de fibres alimentaires

Le cadeau du boulanger!

Une corbeille faite de pain de blé entier qui se mange ou qui devient simplement LA corbeille de pain ou de fruits frais, une fois vernie.

Préparer la recette de pain de blé entier (page 67) jusqu'à la démarche 8 inclusivement, en utilisant la même quantité d'ingrédients.

9. Rouler la pâte sur une planche de bois. Couper 14 lanières de 2,5 cm (1 po) de largeur environ et de 35 cm (14 po) de longueur pour les courtes et 48 cm (19 po) pour les plus longues.

10. Graisser *l'extérieur* d'un bol de métal d'environ 25 cm (10 1/2 po) de diamètre. Déposer le bol sur un contenant qui le surélève légèrement afin de mieux manipuler la pâte et d'éviter qu'elle ne touche à la planche.

11. Natter les lanières autour du bol. Tailler une grande lanière d'environ 110 cm (44 po) pour la bordure.

12. Recouvrir la pâte d'un linge humide et laisser doubler de volume à l'abri des courants d'air.

13. Façonner le reste de la pâte en petits pains ronds et laisser doubler de volume en même temps.

14. Régler le four à 180°C (350°F). Déposer le bol renversé sur une tôle à biscuits et faire cuire 30 minutes ou jusqu'à ce que la pâte soit bien dorée. Cuire les petits pains en même temps.

Donne 1 corbeille et 12 petits pains.

"English muffins" maison au blé entier

Ingrédients

*2 sachets de levure sèche ou 30 g (1 once) de
levure de boulanger
500 mL (2 tasses) d'eau tiède
30 mL (2 c. à soupe) de miel
1 1/2 litre (6 tasses) de farine de blé entier
1 oeuf bien battu
30 mL (2 c. à soupe) d'huile de maïs
170 mL (2/3 de tasse) de poudre de lait écrémé
125 mL (1/2 tasse) de germe de blé
10 mL (2 c. à café) de sel
125 mL (1/2 tasse) de farine de maïs*

Mode de préparation

1. Dans un grand bol, faire gonfler la levure dans l'eau tiède et le miel environ sept à huit minutes.

2. Ajouter 500 mL (2 tasses) de farine et battre vigoureusement jusqu'à ce que le mélange soit bien homogène; laisser reposer 30 à 40 minutes.

3. Incorporer l'oeuf, l'huile, la poudre de lait, le germe de blé, le sel et bien mélanger.

4. Ajouter graduellement le reste de la farine de blé entier et pétrir jusqu'à ce que la pâte soit lisse et rebondissante.

5. Déposer la pâte dans un grand bol huilé et laisser reposer environ 60 minutes ou jusqu'à ce que le volume ait doublé.

6. Dégonfler en donnant un coup de poing au centre de la pâte.

7. Sur une planche, rouler la pâte à 1 1/2 cm (1/2 po) d'épaisseur; tailler avec un emporte-pièce des rondelles de 8 cm (3 po) de diamètre.

8. Enrober les rondelles de farine de maïs; déposer sur une tôle graissée et laisser doubler de volume environ 1 heure.

9. Cuire les rondelles dans un poêlon légèrement huilé sur feu doux, 8 minutes de chaque côté.

Donne 20 muffins.

NOTE: Pour les servir, on les sépare avec deux fourchettes et on fait griller la surface intérieure. Ces muffins se congèlent aussi bien que du pain.

1 muffin contient:
- 169 calories
- 6,9 grammes de protéines
- 3,7 grammes de fibres alimentaires
- 1,1 grammes de gras

1 pâtisserie danoise contient:
- 100 calories de plus
- une quantité équivalente de protéines
- peu de fibres alimentaires
- 13 fois plus de gras

Gruau cuit à la méthode du thermos

Ingrédients

185 mL (3/4 de tasse) de gruau d'avoine non cuit
250 mL (1 tasse) d'eau bouillante
Fruits secs: 15 mL (1 c. à soupe) par portion

Mode de préparation

1. La veille, mettre le gruau dans un thermos réchauffé et ajouter l'eau bouillante; bien fermer le thermos et laisser reposer toute la nuit.
2. Le lendemain, ajouter du lait et des fruits secs et servir pour le petit déjeuner.

Donne 2 bonnes portions.

1 portion avec 125 mL (4 onces) de lait contient:

- 161 calories
- 6,1 grammes de protéines
- 1,7 gramme de gras

2 tranches de **pain blanc grillées, beurrées et tartinées de confiture** contiennent:

- 90 calories de plus
- 30% moins de protéines
- 5 fois plus de gras

Muffins au son

Ingrédients

250 mL (1 tasse) de farine de blé entier
185 mL (3/4 de tasse) de son
2 mL (1/2 c. à café) de sel
5 mL (1 c. à café) de soda à pâte
250 mL (1 tasse) de yogourt nature
1 oeuf légèrement battu
30 mL (2 c. à soupe) de miel
15 mL (1 c. à soupe) d'huile de maïs
60 mL (4 c. à soupe) de fruits secs (raisins,
abricots ou dattes hachés finement)

Mode de préparation

1. Régler le four à 220°C (425°F) et bien graisser 10 moules à muffin.
2. Dans un grand bol, mélanger la farine, le son, le sel et le soda.
3. Dans un second bol, mélanger les ingrédients liquides (yogourt, oeuf, miel et huile).
4. Verser les ingrédients liquides sur les ingrédients secs et brasser juste assez pour humecter le tout.
5. Incorporer les fruits secs.
6. Verser la préparation dans les moules bien graissés.
7. Cuire 15 à 20 minutes.

Donne 10 gros muffins.

valeur
nutritive
comparée

1 muffin contient:

- 110 calories
- 4,1 grammes de protéines
- 3,6 grammes de fibres alimentaires
- 2,5 grammes de gras

1 brioche contient:

- 48 calories de plus
- un peu moins de protéines
- très peu de fibres alimentaires
- 2 fois plus de gras

Pain de blé entier maison

Ingrédients

625 mL (2 1/2 tasses) d'eau tiède
1 1/2 litre (6 tasses) de farine de blé entier
30 g (1 once) de levure de boulanger ou 1 sachet de levure sèche
10 mL (2 c. à café) de sel
15 mL (1 c. à soupe) d'huile
180 mL (3/4 de tasse) de poudre de lait écrémé
15 mL (1 c. à soupe) de cassonade

Mode de préparation

1. Dissoudre la cassonade dans l'eau tiède; y délayer la levure de boulanger. (Avec la levure sèche, laisser gonfler environ dix minutes.)

2. Ajouter 625 mL (2 1/2 tasses) de farine; bien mélanger et laisser gonfler 45 à 60 minutes.

3. Ajouter l'huile, le sel, la poudre de lait et mélanger.

4. Incorporer progressivement la farine jusqu'à ce que la pâte commence à faire boule et ne colle plus au bol.

5. Renverser la pâte sur une planche; pétrir en incorporant le reste de la farine jusqu'à ce que la pâte soit lisse et élastique et rebondisse lorsqu'on y enfonce le doigt (environ 10 minutes).

6. Façonner en boule et déposer dans un bol huilé en retournant la pâte pour bien enrober le tout d'une très mince couche d'huile.

7. Couvrir d'un linge humide et laisser gonfler environ 60 minutes.

8. Lorsque la pâte a doublé, enfoncer d'un coup de poing; rouler sur une planche de bois et couper en deux.

9. Façonner deux pains et déposer dans des moules à pain graissés de 2 L (23 × 13 × 7 cm). Couvrir d'un

linge humide et laisser de nouveau doubler de volume à l'abri des courants d'air.

10. Régler le four à 200°C (400°F).

11. Cuire à cette température pendant 5 minutes puis régler à 190°C (375°F) et laisser cuire 35 minutes jusqu'à ce que les pains soient bien dorés.

Donne 2 pains d'environ 760 grammes (26 onces).

Chaque pain donne environ 20 tranches.

1 tranche contient:
- 71 calories
- 3,3 grammes de protéines
- 1,5 grammes de fibres alimentaires

1 tranche de **pain blanc enrichi** contient:
- 11 calories de plus
- 40% moins de protéines
- 2 fois moins de fibres alimentaires

Pain aux bananes et au son

Ingrédients

375 mL (1 1/2 tasse) de farine de blé entier
10 mL (2 c. à café) de poudre à pâte
2 mL (1/2 c. à café) de soda à pâte
2 mL (1/2 c. à café) de sel
250 mL (1 tasse) de son naturel
60 mL (1/4 de tasse) de noix hachées
*60 mL (1/4 de tasse) de graines de tournesol
hachées*
1 oeuf légèrement battu
60 mL (1/4 de tasse) de miel
60 mL (1/4 de tasse) d'huile de maïs
60 mL (1/4 de tasse) de lait écrémé ou 2%
3 ou 4 bananes mûres écrasées

Mode de préparation

1. Régler le four à 180°C (350°F).
2. Dans un grand bol, mélanger la farine, la poudre à pâte, le soda à pâte et le sel.
3. Ajouter le son, les noix et les graines de tournesol.
4. Mélanger l'oeuf battu, le miel, l'huile de maïs, le lait écrémé et les bananes et ajouter aux ingrédients secs jusqu'à ce que la farine soit bien incorporée.
5. Verser dans un moule à pain huilé et cuire au four environ 1 heure.

Donne 12 tranches.

NOTE: On peut congeler ce pain entier ou en tranches individuelles.

valeur nutritive comparée

1 tranche contient:

- 184 calories
- 4,7 grammes de protéines
- 8.2 grammes de gras

1 petit morceau de **gâteau au chocolat glacé** contient:

- 259 calories de plus
- une quantité équivalente de protéines
- 2 fois et demi plus de gras

Pain aux courgettes

Ingrédients

2 oeufs
60 mL (1/4 de tasse) de miel liquide
90 mL (6 c. à soupe) d'huile de maïs
250 mL (1 tasse) de courgettes râpées avec la pelure
5 mL (1 c. à café) de zeste de citron
125 mL (1/2 tasse) de raisins secs
125 mL (1/2 tasse) de noix hachées
335 mL (1 1/3 tasse) de farine de blé entier
10 mL (2 c. à café) de poudre à pâte
2 mL (1/2 c. à café) de soda à pâte
2 mL (1/2 c. à café) de sel
2 mL (1/2 c. à café) de gingembre moulu
Une pincée de muscade

Mode de préparation

1. Régler le four à 190°C (375°F).
2. Huiler un moule à pain de 23 × 13 × 8 cm (9 × 5 × 3 po).
3. Dans un grand bol, battre les oeufs; ajouter graduellement le miel et l'huile.
4. Ajouter les courgettes, le zeste de citron, les raisins et les noix.
5. Mélanger les ingrédients secs et ajouter au mélange de courgettes.
6. Verser la préparation dans le moule à pain et cuire pendant cinq minutes.
7. Abaisser la température du four à 180°C (350°F) et cuire pendant 35 minutes.
8. Sortir du four et attendre une dizaine de minutes avant de démouler; laisser refroidir.
9. Envelopper dans du papier d'aluminium et réfrigérer.

Donne 12 portions.

NOTE: Variante du pain aux carottes ou aux fruits séchés, le pain aux courgettes n'est pas aussi "sage" que le pain de blé entier! À manger après un repas léger.

1 portion contient:
- 197 calories
- 3,7 grammes de protéines
- 11,2 grammes de gras

1 petit morceau de **gâteau au chocolat glacé** contient:
- 248 calories de plus
- une quantité équivalente de protéines
- presque deux fois plus de gras

Pâtes maison aux épinards

Ingrédients

200 g (7 onces) d'épinards crus
2 mL (1/2 c. à thé) de sel
375 mL (1 1/2 tasse) de farine de blé entier
1 gros oeuf à la température de la pièce
15 mL (1 c. à soupe) d'eau

Mode de préparation

1. Cuire les épinards de la façon habituelle avec très peu d'eau, 3 à 5 minutes.
2. Bien égoutter. Réduire en purée, déposer dans un petit bol et laisser refroidir.
3. À l'aide d'un robot, préparer la pâte en déposant la farine et le sel dans l'appareil.
4. Ajouter l'oeuf à la purée d'épinards et mélanger avec une fourchette.
5. Faire fonctionner le robot et verser le mélange oeuf-épinards dans la farine; mélanger environ 15 secondes ou jusqu'à ce que la texture soit légèrement granuleuse.
6. Ajouter l'eau et continuer de mélanger jusqu'à ce que la pâte se forme et se dégage des côtés de l'appareil.
7. Retirer la pâte et façonner en 3 pièces.
8. Enfariner légèrement les 3 pièces.
9. À l'aide d'un appareil pour faire des pâtes ou d'un rouleau à pâte, rouler chaque pièce jusqu'à ce qu'elle ait l'épaisseur d'un dix cents, en prenant soin de couvrir les autres pièces, avec un linge humide pour les empêcher de sécher.
10. Une fois roulées, laisser sécher les pièces environ 15 minutes jusqu'à ce qu'elles ne soient plus collantes.

11. Enfariner légèrement et plier chaque pièce sur elle-même pour obtenir un rectangle de 10 cm (4 po) de largeur; chaque pièce aura 3 épaisseurs.

12. À l'aide d'un bon couteau, couper en lanières de la largeur souhaitée. Laisser sécher.

13. Cuire dans 4 litres (environ 4 pintes) d'eau bouillante salée si désiré (5 mL ou 1 c. à thé de sel par litre d'eau) pendant 2 à 5 minutes ou "al dente".

Donne 340 grammes (12 onces) de pâtes sèches.

250 mL (1 tasse) de pâtes cuites contient:
- 122 calories
- 6,1 grammes de protéines
- 2 mg de fer

La même portion de **nouilles enrichies** contient:
- 100 calories de plus
- même quantité de protéines
- 25% moins de fer

Pilaf

Ingrédients

1 oignon émincé
1 à 2 gousses d'ail émincées
125 mL (1/2 tasse) de légumes hachés finement
(poivron, céleri ou champignons)
15 mL (1 c. à soupe) d'huile de maïs
250 mL (1 tasse) de grains entiers (riz, millet, blé concassé, etc.)
500 mL à 1 L (2 à 4 tasses) de liquide de cuisson
(fond de volaille ou eau de cuisson de légumes)
Fines herbes, sel et poivre

Mode de préparation

1. Dans une casserole moyenne, dorer l'oignon, l'ail et les légumes dans l'huile quelques minutes.
2. Ajouter le grain entier choisi et verser le liquide de cuisson.
3. Assaisonner, couvrir et cuire sur un feu doux le temps requis.

Donne 3 à 5 tasses selon la céréale utilisée.

Une portion équivaut à 3/4 de tasse.

1 portion contient:
- 142 calories
- 2,9 grammes de protéines

Riz espagnol

Ingrédients

250 mL (1 tasse) de riz brun non cuit
1 oignon émincé
5 mL (1 c. à café) d'huile de maïs
500 mL (2 tasses) d'eau de cuisson de légumes
4 tiges de céleri coupées en dés
1 gros piment vert coupé en dés
3 tomates moyennes ou *250 mL (1 tasse) de tomates en conserve coupées finement*
5 mL (1 c. à café) de sel
2 mL (1/2 c. à café) d'origan
2 mL (1/2 c. à café) de basilic
Poivre et poudre de chili au goût

Mode de préparation

1. Dans une casserole, mélanger le riz, l'oignon, l'huile, l'eau de cuisson des légumes et amener à ébullition; couvrir et mijoter environ 25 minutes.
2. Ajouter le reste des ingrédients et mijoter un autre 20 minutes.

Donne 4 portions de 250 mL (1 tasse).

NOTE: On peut ajouter du poisson ou des crustacés cuits, de la volaille cuite ou encore du fromage en minicubes pour faire de ce riz un mets principal.

1 portion contient:
- 214 calories
- 5 grammes de protéines
- 2,2 grammes de gras

1 portion de **riz frit avec légumes** contient:
- 75 calories de plus
- même quantité de protéines
- 5 fois plus de gras

Tabboulé

Ingrédients

500 mL (2 tasses) de fond de volaille ou d'eau de cuisson de légumes
250 mL (1 tasse) de blé concassé ou de bulgur
1 bouquet de persil frais haché finement, soit environ 500 mL (2 tasses)
125 mL (1/2 tasse) de menthe fraîche hachée finement ou 10 mL (2 c. à café) de menthe séchée
1 oignon
2 à 3 oignons verts émincés
2 à 3 tomates coupées en cubes
Sel et poivre
125 mL (1/2 tasse) de jus de citron fraîchement pressé
60 mL (1/4 de tasse) d'huile de maïs ou d'olive

Mode de préparation

1. Amener le liquide à ébullition et ajouter le blé concassé; retirer du feu et laisser reposer le tout environ 2 heures.
2. Bien égoutter le blé concassé ou le bulgur gonflé.
3. Dans un grand bol, mélanger le persil, la menthe, l'oignon, les oignons verts, les tomates et le blé concassé; assaisonner.
4. Faire une vinaigrette avec le jus de citron et l'huile et ajouter au mélange de blé concassé.
5. Laisser mariner quelques heures.

Donne 6 portions d'entrée ou de met d'accompagnement.

NOTE: On peut y incorporer 500 mL (2 tasses) de pois chiches ou d'une autre légumineuse cuite; le tabboulé devient ainsi un mets principal riche en protéines.

valeur
nutritive
comparée

1 portion contient:

- 213 calories
- 5 grammes de protéines
- 9,6 grammes de gras

1 portion de **salade de pommes de terre** contient:

- 100 calories de plus
- moins de protéines
- 3 fois et demi plus de gras

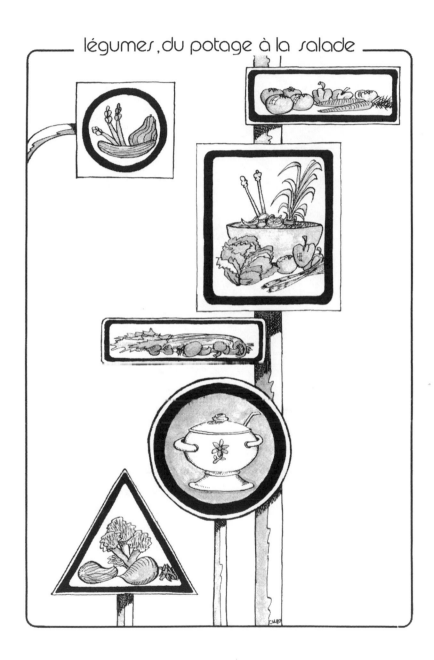

légumes, du potage à la salade

Chapitre III
Les légumes, du potage à la salade

Les légumes, du marché à votre assiette

Riches en couleurs, en saveurs, en textures, en vitamines, en minéraux et en fibres alimentaires, les légumes sont vraiment "nos meilleurs". Ils nous rapportent tant à si faible coût de calories que notre plus grand intérêt est d'en faire provision à chaque repas!

Valeur nutritive

Comme le résume le Tableau 6, les légumes ont un contenu nutritionnel assez héteroclite; malgré cette variation, quelques traits généraux s'en dégagent:

— Les légumes fortement colorés comme les courges d'hiver (le courgeron), les carottes, le brocoli et les épinards sont généralement plus riches en vitamine A que les légumes pâlots.

— Les légumes de la famille du chou (brocoli, chou-fleur, navet, choux de Bruxelles) ainsi que le poivron sont surtout riches en vitamine C.
— Les légumes à chair blanche comme les champignons renferment beaucoup plus de vitamines B (riboflavine et niacine) que les autres, tandis que l'aubergine a un apport intéressant en fer.

6. VALEUR NUTRITIVE DE QUELQUES LÉGUMES VERTS, JAUNES ET BLANCS

LÉGUME	Quantité	Calories	Vitamine A (ER)	Vitamine C (mg)	Fer (mg)	Potassium (mg)
Aubergine cuite	250 mL (1 tasse)	40	2	6	1,2	317
Brocoli cuit	250 mL (1 tasse)	45	450	162	1,4	481
Champignons cuits	250 mL (1 tasse)	28	—	4	0,8	114
Chou-fleur cuit	250 mL (1 tasse)	26	7	70	0,8	262
Courgeron cuit en purée	250 mL (1 tasse)	113	287	27	2,3	984
Courgette cuite	250 mL (1 tasse)	27	66	35	0,9	313
Épinards crus	250 mL (1 tasse)	8	259	16	1,0	150
Fèves germées crues	250 mL (1 tasse)	37	2	20	1,4	230
Navet cuit	250 mL (1 tasse)	74	116	56	0,6	398

LÉGUME	Quantité	Calories	Vitamine A (ER)	Vitamine C (mg)	Fer (mg)	Potassium (mg)
Poivron cru	74 grammes (1)	15	31	94	0,5	158
Tomate crue	150 g (1)	35	135	34	0,8	336

DISPONIBILITÉ

À regarder l'amoncellement de légumes de toutes sortes dans les comptoirs des marchés d'alimentation, on pourrait croire que nos terres produisent douze mois par année. Hélas, la saison des récoltes locales ne s'étire que de juin à novembre pour ensuite faire place à l'époque des importations. Malgré cette valse entre les légumes importés et les produits sur place, la gamme des légumes frais demeure vaste et alléchante à l'année longue.

COÛT

En novembre et en décembre 1980, l'indice des prix des fruits et légumes accusait une baisse tandis que celui des sucreries, des matières grasses et de la viande montait en flèche; fait divers passé inaperçu puisqu'on ne souligne que les hausses et qu'on critique beaucoup plus fréquemment le prix des légumes que celui des pâtisseries...

Une enquête maison menée récemment m'a permis de constater que même en hiver, on pouvait acheter 22 sortes de légumes "frais" pour moins de 0,30 la portion, ce qui est moins dispendieux qu'une portion de steak ou de certain fromages! Admettons qu'en janvier, février et mars, certains légumes comme les épinards, le maïs en épi, les courgettes, les poireaux, l'artichaut, le chou-fleur et les champignons coûtent assez cher, soit plus de 30 cents la portion. Le problème n'est toutefois pas insurmontable puisqu'il nous reste une foule de légumes moins chers jusqu'à la prochaine récolte.

LES MEILLEURS ACHATS

Pendant la belle saison, on trouve les plus beaux légumes dans les marchés extérieurs, tôt le matin, avant que la chaleur ne les flétrisse. On choisit des légumes fermes, lisses, lustrés, sans meurtrissures et très colorés. Hors-saison, on a recours au marché du coin ou au supermarché. À défaut de choix, on peut cependant faire de belles découvertes chez des marchands italiens, grecs ou chinois, grands amateurs de légumes. On peut également acheter des légumes congelés ou des légumes en conserve, lorsque les légumes frais sont franchement inabordables, introuvables ou de mauvaise qualité. Dans le cas des légumes périssables, il vaut mieux en acheter seulement la quantité nécessaire pour cinq à six jours à la fois, pour minimiser les pertes et sauver des sous.

CONSERVATION

La durée d'entreposage varie énormément d'un légume à l'autre; certains se conservent pendant des semaines tandis que d'autres dépérissent au bout de quelques jours, surtout à l'époque des importations. Afin de réduire le gaspillage et de maximiser le plaisir, car un légume frais est cent fois meilleur au goût, on classifie les légumes en trois grandes familles: les résistants, les périssables et les très périssables.

a) **Les "résistants"** se conservent emballés plusieurs semaines dans un endroit frais ou au réfrigérateur:

Betteraves

Carottes

Courges d'hiver (courgeron, courge musquée, courge de Hubbard)

Navet

Oignons

Panais

Pomme de terre

b) **Les "périssables"** se conservent emballés une semaine au réfrigérateur:

Aubergine

Champignons

Céleri

Chou rouge ou vert

Choux de Bruxelles

Chou-fleur

Courgettes

Germes de luzerne

Haricots verts et jaunes

Persil

Poivron

Tomates

c) **Les "très périssables"** (surtout à l'époque des importations) se conservent emballés seulement 2 à 3 jours au réfrigérateur:

Asperges

Brocoli

Épi de maïs (1 jour seulement)

Épinards

Germe de fèves mung

Oignons verts

Pois frais

Verdures: laitue, cresson

PRÉPARATION

Quelques principes suffisent pour orienter toute la préparation des légumes et faciliter la conservation de leur valeur nutritive:

— Laver et brosser les légumes.

— Laisser la pelure aussi souvent que possible.

— Ne pas faire tremper avant la cuisson.

— Cuire le légume entier de préférence.

— Ne cuire que la quantité requise pour un repas.

— Cuire à la dernière minute jusqu'à tendreté.

Nutri-trucs

— Le légume cru contient plus de vitamines, plus de minéraux et plus de fibres alimentaires que le légume cuit.

— L'eau de cuisson des légumes peut servir pour la cuisson du riz, du bulgur ou du millet; elle rehausse leur saveur et leur valeur nutritive.

— Intégrée à une sauce béchamel, pour remplacer une partie du lait, l'eau de cuisson des légumes allège la sauce; pourquoi ne pas toujours, "recycler" les vitamines lorsque c'est possible, et agréable en plus.

— L'eau de trempage des crudités peut aussi servir d'eau de cuisson pour les pâtes et les céréales à cuire.

— Le légume cuit à la vapeur, dans une marguerite ou dans très peu d'eau, et rapidement, conserve plus de qualités nutritives que le légume cuit trop longtemps dans une grande quantité d'eau; sa saveur, sa texture et sa couleur sont de beaucoup supérieures.

— On obtient plus de vitamines et de minéraux en mangeant différents légumes qu'en choisissant toujours les mêmes.

— Nutritivement parlant, on ne peut pas comparer une marinade à un légume; ainsi, 15 mL (1 c. à soupe) de ketchup ou de sauce chili renferme cinq fois moins de vitamine A et douze fois moins de vitamine C qu'une tomate fraîche.

Aubergine aux fines herbes

Ingrédients

*1 aubergine d'environ 500 g (1 livre) pelée et taillée
en cubes*
15 mL (1 c. à soupe) de persil haché
2 mL (1/2 c. à café) de basilic
1 mL (1/2 c. à café) de thym
Le jus d'un demi-citron
Sel et poivre au goût

Mode de préparation

1. Régler la température du four à 180°C (350°F).
2. Dans un plat allant au four, légèrement huilé, déposer les cubes d'aubergine; arroser de jus de citron et mélanger délicatement pour enrober toutes les surfaces du légume.
3. Saupoudrer de fines herbes, de sel et de poivre.
4. Cuire environ 15 minutes et servir bien chaud.

Donne 4 portions.

1 portion contient:

- 25 calories
- 1,2 gramme de protéines
- 0,2 gramme de gras
- 0,7 mg de fer

Brocoli à la chinoise

Ingrédients

1 brocoli moyen
10 à 15 mL (2 à 3 c. à café) d'huile de maïs
1 gousse d'ail émincée
5 à 10 mL (1 à 2 c. à café) de gingembre frais, pelé et râpé
15 mL (1 c. à soupe) d'eau
2 mL (1/2 c. à café) de sel

Mode de préparation

1. Défaire le brocoli en fleurs et tailler la partie tendre des tiges en petits bâtonnets.
2. Cuire d'abord le brocoli à la vapeur, dans une marguerite, environ 3 à 4 minutes; retirer du feu et refroidir rapidement à l'eau froide.
3. Égoutter et conserver jusqu'à la dernière minute dans un bol bien couvert.
4. Quelques minutes avant de servir, chauffer un poêlon; ajouter l'huile, l'ail et le gingembre et cuire 30 secondes.
5. Ajouter le brocoli, l'eau et le sel.
6. Mélanger délicatement et chauffer le tout 2 à 3 minutes.
7. Servir immédiatement.

Donne 6 portions.

1 portion contient

- 43 calories
- 2,6 grammes de protéines
- 3 grammes de gras

Casserole toute simple de tomates et d'oignon

Ingrédients

5 tomates fraîches pelées et coupées en petits morceaux
1 oignon moyen émincé
4 tranches de pain de blé entier coupées en petits cubes
5 mL (1 c. à café) de sel
2 mL (1/2 c. à café) de poivre frais moulu
5 mL (1 c. à café) de sauge séchée et broyée
10 mL (2 c. à café) de beurre ou de margarine faiblement hydrogénée

Mode de préparation

1. Régler la température du four à 190°C (375°F).
2. Dans un plat allant au four, mettre les tomates, l'oignon, le pain et les assaisonnements.
3. Bien mêler et parsemer de noisettes de margarine ou de beurre.
4. Cuire au four pendant une trentaine de minutes.

Donne 4 à 5 portions.

1 portion contient:
- 114 calories
- 4,8 grammes de protéines
- 2,2 grammes de gras
- 1.5 mg de fer

1 portion de **frites** contient:
- 96 calories de plus
- un peu moins de protéines
- 5 fois plus de gras

Chou-fleur sauce spéciale

Ingrédients

1 beau chou-fleur d'environ 900 g (2 livres), bien blanc et à texture bien serrée
60 mL (1/4 de tasse) de yogourt nature
60 mL (1/4 de tasse) de sauce Mille-Iles
5 mL (1 c. à café) de cari

Mode de préparation

1. Cuire le chou-fleur entier dans une marguerite de 7 à 9 minutes; retirer du feu et laisser reposer dans une assiette.
2. Mélanger le yogourt et la sauce Mille-Iles; ajouter le cari au goût.
3. Servir le chou-fleur tiède nappé de sauce.

Donne environ 4 portions.

1 portion contient:
- 83 calories
- 7,4 grammes de protéines
- 1 gramme de gras
- 2,5 mg de fer

1 portion de **chou-fleur avec sauce béchamel** contient:
- 33 calories de plus
- la même quantité de protéines
- 4 fois plus de gras
- pas plus de fer

Courgettes et tomates en coquilles

Ingrédients

6 coquilles ou ramequins individuels
15 à 20 mL (3 à 4 c. à café) d'huile d'olive
1 gousse d'ail émincée
2 gros oignons tranchés en fines rondelles
Sel et poivre au goût
3 à 4 petites tomates en tranches super-minces
2 courgettes avec pelure rayée* en tranches super-minces
5 mL (1 c. à café) de thym séché
Fromage parmesan râpé (ou autre) pour gratiner

*   Rayer la pelure de la courgette avec un couteau pour lui donner une apparence zébrée.

Mode de préparation

1. Régler la température du four à 230°C (450°F).
2. Badigeonner le fond des coquilles avec 5 mL (1 c. à café) d'huile et l'ail émincée.
3. Dans une casserole, dorer les oignons dans 5 mL (1 c. à café) d'huile sur feu doux, jusqu'à tendreté.
4. Tapisser le fond des coquilles avec les oignons; saler et poivrer.
5. Sur ce lit d'oignons, ranger les tranches de tomates et de courgettes en alternant les deux de manière à obtenir des bandes rouges et vertes.
6. Saupoudrer de thym et arroser avec le reste d'huile d'olive.
7. Cuire au four pendant 30 minutes.
8. À la dernière minute, ajouter le fromage râpé pour gratiner légèrement.

Donne 6 portions.

NOTE: Ces coquilles sont servies comme entrée.

1 coquille contient:

- 63 calories
- 2,4 grammes de protéines
- 2,8 grammes de gras
- 0,7 mg de fer

1 **coquille Saint-Jacques** contient:

- presque 5 fois plus de calories
- presque 6 fois plus de gras
- plus de fer

Courgeron farci

Ingrédients

1 courgeron moyen d'environ 900 g (2 livres)
3 oignons verts émincés
10 mL (2 c. à thé) d'huile de maïs
180 mL (3/4 de tasse) de céleri haché finement
375 mL (1 1/2 tasse) d'épinards lavés, asséchés et hachés finement
60 mL (1/4 de tasse) de chapelure de blé entier
Sel et poivre au goût
5 à 10 mL (1 à 2 c. à café) de margarine

Mode de préparation

1. Régler la température du four à 180°C (350°F).
2. Trancher le courgeron en deux et retirer les graines; conserver celles-ci pour une collation santé (voir page 207).
3. Déposer les moitiés de courgeron sur une tôle légèrement huilée, la partie tranchée face à la tôle, cuire au four 30 à 40 minutes.
4. Pendant ce temps, dorer dans l'huile les oignons verts, ajouter le céleri et laisser cuire quelques minutes.
5. Ajouter les épinards et cuire juste le temps de les amollir.
6. Retirer le courgeron du four et farcir chaque moitié du mélange de légumes verts.
7. Saupoudrer de chapelure, assaisonner et parsemer de quelques dés de margarine.
8. Remettre au four 10 à 15 minutes.
9. Servir un quart de courgeron par personne en coupant chaque moitié en deux.

Donne 4 portions.

valeur
nutritive
comparée

1 portion contient:

- 163 caloires
- 4,8 grammes de protéines
- 4,8 grammes de gras
- 2,8 mg de fer

1 portion de **pommes de terre en purée** contient:

- 22 calories de plus
- un peu moins de protéines
- 1 fois et demi plus de gras
- 3 fois et demi moins de fer

Crème de brocoli

Ingrédients

500 grammes (1 livre) de brocoli frais ou *congelé*
250 mL (1 tasse) de consommé, de bouillon de poulet ou *d'eau de cuisson de légumes*
125 mL (1/2 tasse) d'oignon émincé
500 mL (2 tasses) de lait partiellement ou *totalement écrémé*
5 mL (1 c. à café) de sel
2 mL (1/2 c. à café) d'origan
5 mL (1 c. à café) de beurre ou *de margarine faiblement hydrogénée*

Mode de préparation

1. Diviser le brocoli frais en petites fleurs et couper la partie tendre des tiges en morceaux d'environ 5 cm (2 po).
2. Dans une casserole, verser le liquide de cuisson (consommé, bouillon *ou* eau); ajouter l'oignon émincé et le brocoli; amener le tout à ébullition; baisser le feu et cuire environ 8 à 10 minutes, jusqu'à ce que le brocoli soit tendre.
3. Verser le liquide et les légumes dans le bol du mixeur ou du robot; réduire en purée lisse.
4. Remettre le tout dans la casserole et ajouter le lait et les assaisonnements.
5. Réchauffer et ajouter le beurre *ou* la margarine à la toute dernière minute; laisser fondre et servir.

Donne 4 portions.

valeur
nutritive
comparée

1 portion contient:

- 93 calories
- 8,6 grammes de protéines
- 1,7 gramme de gras
- 110 mg de vitamine C

1 portion de **crème de champignons préparée avec du lait** contient:

- 133 calories de plus
- un peu moins de protéines
- 8 fois plus de gras
- traces de vitamine C

Crêpes farcies aux légumes avec sauce aux épinards

Appareil à crêpe

Ingrédients

> *250 mL (1 tasse) de lait écrémé ou 2%*
> *60 mL (1/4 de tasse) de farine de blé entier*
> *60 mL (1/4 de tasse) de farine blanche enrichie*
> *2 oeufs*
> *15 mL (1 c. à soupe) d'huile de maïs*
> *2 mL (1/2 c. à café) de sel*

Mode de préparation

1. Dans un bol, bien mélanger tous les ingrédients et laisser reposer environ 20 minutes.
2. Huiler légèrement un poêlon et y verser 60 mL (1/4 de tasse) de mélange à la fois.
3. Dorer les crêpes des deux côtés. Lorsque la cuisson est terminée, conserver dans une assiette recouverte de papier aluminium, au chaud, jusqu'au moment de les farcir *ou* réfrigérer individuellement entre deux papiers cirés et utiliser lorsque souhaité.

Farce aux légumes

Ingrédients

1 oignon émincé
1 poivron haché finement
250 mL (1 tasse) de champignons frais tranchés finement
1 courgette hachée finement
2 tiges de brocoli hachées finement
15 mL (1 c. à soupe) d'huile de maïs
2 gousses d'ail émincées
Sel, poivre et basilic au goût

Mode de préparation

1. Dorer les légumes dans l'huile quelques minutes; ajouter l'ail et les assaisonnements.
2. Cuire les légumes jusqu'à tendreté et refroidir avant de farcir les crêpes.

Sauce aux épinards

Ingrédients

45 mL (3 c. à soupe) de beurre ou *de margarine faiblement hydrogénée*
45 mL (3 c. à soupe) de farine blanche
750 mL (3 tasses) de lait écrémé
500 mL (2 tasses) d'épinards hachés
60 mL (1/4 de tasse) de fromage parmesan râpé
Sel, poivre et muscade au goût

Mode de préparation

1. Régler la température du four à 200°C (400°F).
2. Dans une casserole, fondre le beurre *ou* la margarine et ajouter la farine; cuire le roux légèrement et ajouter graduellement le lait en mélangeant jusqu'à épaississement.
3. Ajouter les épinards et le fromage râpé; assaisonner.
4. Farcir les crêpes avec le mélange de légumes et un peu de sauce.
5. Rouler les crêpes et les déposer dans un plat allant au four.
6. Napper les crêpes avec le reste de la sauce aux épinards.
7. Cuire au four environ 10 minutes.

Donne 4 portions ou 12 crêpes farcies.

NOTE: 3 crêpes farcies constituent un mets principal; 1 crêpe farcie peut devenir une entrée bien amusante!

valeur nutritive comparée

1 portion contient:
- 403 calories
- 20 grammes de protéines ou l'équivalent de 3 onces de viande
- 20,5 grammes de gras
- 3,4 mg de fer

1 bifteck de 120 grammes (6 onces) et des frites contiennent:
- 360 calories de plus
- deux fois plus de protéines
- 2 fois et demi plus de gras

Fèves germées maison

Ingrédients et matériel requis

60 mL (1/4 de tasse) de fèves mung*
Un grand bocal de verre d'environ 1 1/2 L (6 tasses)
Coton à fromage
Un gros élastique

Mode de préparation

1. Laver les fèves dans un tamis; déposer dans le bocal de verre.
2. Y verser 250 mL (1 tasse) d'eau tiède et laisser reposer huit heures ou toute une nuit.
3. Égoutter et rincer (conserver le liquide pour arroser les plantes).
4. Remettre les fèves gonflées dans le bocal et recouvrir avec un coton à fromage bien attaché avec un élastique.
5. Déposer le bocal sur le côté et secouer les fèves pour bien les répartir; ranger dans une armoire.
6. Deux fois par jour, remplir le bocal d'eau et égoutter immédiatement; remettre dans l'armoire.
7. La germination prend 2 à 4 jours.
8. Une fois bien germées, rincer les fèves et retirer les parties vertes; réfrigérer dans un sac bien fermé jusqu'au moment d'utiliser.

Donne 500 à 750 mL (2 à 3 tasses) de fèves germées.

* Petite légumineuse vert foncé

valeur nutritive comparée

250 mL (1 tasse) de fèves germées contient:

- 37 calories
- 4 grammes de protéines
- 20 mg de vitamine C
- 1,4 mg de fer
- 230 mg de potassium

1 portion de **fèves vertes** contient:

- un peu moins de calories
- 2 fois moins de protéines
- 20% moins de vitamine C
- 40% moins de fer
- moins de potassium (190 mg)

Jardinière d'hiver

Ingrédients

1 1/2 L (6 tasses) environ de légumes d'hiver, c'est-à-dire carottes, navet, panais et haricots verts bien lavés et coupés en morceaux assez gros, le tout remplissant une casserole de grosseur moyenne
60 mL (1/4 de tasse) d'oignon émincé
15 mL (1 c. à soupe) d'huile de maïs
Fines herbes au goût
Sel et poivre
2 à 3 feuilles de laitue défraîchie pour recouvrir les légumes.

Mode de préparation

1. Dorer l'oignon dans l'huile quelques minutes seulement.
2. Enrober les autres légumes avec le mélange huile-oignon et déposer dans une casserole de grosseur moyenne en acier inoxydable de préférence.
3. Ajouter 45 à 75 mL (3 à 5 c. à soupe) d'eau froide.
4. Recouvrir les légumes avec les feuilles de laitue.
5. Couvrir la casserole et cuire à température élevée jusqu'à ce que le couvercle de la casserole devienne chaud au toucher; abaisser la température et cuire sur un feu très doux environ 30 à 40 minutes ou jusqu'à ce que les légumes soient bien tendres.
6. Assaisonner de fines herbes (thym, cerfeuil) de sel et de poivre; servir aussitôt.

Donne 6 bonnes portions.

1 portion contient:
- 82 calories
- 1,7 grammes de protéines
- 2,4 grammes de gras
- 1,5 mg de fer

Mariage d'automne

Ingrédients

1 petite courgette
1 moitié d'aubergine (250 g ou 1/2 livre)
250 g (1/2 livre) de champignons frais
4 à 5 tomates de grosseur moyenne
1 poivron coupé en fines lamelles
10 mL (2 c. à café) d'huile d'olive ou de maïs
1 gousse d'ail émincée
Thym au goût
Sel et poivre

Mode de préparation

1. Régler la température du four à 190°C (375°F).
2. Peler la courgette et l'aubergine en laissant des bandes de pelure afin d'ajouter de la couleur; trancher en rondelles très fines de 3 mm (1/8 po) d'épaisseur.
3. Nettoyer et couper les champignons en lamelles superminces.
4. Trancher les tomates sans les peler.
5. Dans des petits plats en pyrex de 14 cm (5 1/2 po) de diamètre, disposer les légumes en les intercalant et en mélangeant les couleurs.
6. Badigeonner d'huile parfumée à l'ail et au thym; assaisonner de sel et de poivre.
7. Recouvrir de papier d'aluminium.
8. Cuire au four environ 30 minutes.

Donne 6 portions

valeur
nutritive
comparée

1 portion contient:

- 70 calories
- 3,6 grammes de protéines
- 1,7 gramme de gras
- 1,4 mg de fer

1 portion de **ratatouille traditionnelle** contient:

- 165 calories de plus
- même quantité de protéines
- 10 fois plus de gras

Moussaka végétarienne

Ingrédients

1 aubergine d'environ 500 grammes (1 livre)
310 mL (1 1/4 tasse) de sauce tomate maison ou en conserve
1 mL (1/4 c. à café) d'origan
2 mL (1/2 c. à café) de basilic et de sel
1 pincée de poivre
15 mL (1 c. à soupe) d'huile de maïs
30 mL (2 c. à soupe) de farine tout usage
250 mL (1 tasse) de lait écrémé
60 mL (1/4 de tasse) de poudre de lait écrémé
1 oeuf légèrement battu
125 mL (1/2 tasse) de fromage Mozzarella partiellement écrémé
60 mL (1/4 de tasse) de fromage parmesan râpé

Mode de préparation

1. Régler la température du four à 180°C (350°F).
2. Peler l'aubergine et la couper en tranches d'environ 6 mm (1/4 pouce); cuire les tranches à la vapeur ou dans un peu d'eau environ 5 minutes; égoutter et déposer sur du papier absorbant.
3. Dans une autre casserole, verser l'huile, incorporer la farine et cuire quelques instants; ajouter graduellement le lait et la poudre de lait et cuire en mélangeant occasionnellement jusqu'à épaississement. Assaisonner avec l'origan, le basilic, le sel et le poivre.
4. Retirer du feu et ajouter l'oeuf; bien mélanger le tout.
5. Dans un plat allant au four de 25 × 15 × 5 cm (10 × 6 × 2 po), déposer la moitié des tranches d'aubergines et recouvrir avec la moitié des deux fromages.
6. Étendre la sauce tomate sur les fromages.
7. Recouvrir avec le reste des tranches d'aubergine et napper le tout avec la sauce blanche.

8. Saupoudrer avec le reste de fromage.

9. Cuire au four pendant 20 à 25 minutes.

Donne 4 portions

NOTE: On sert cette moussaka comme mets principal.

1 portion contient:

- 214 calories
- 14 grammes de protéines ou l'équivalent de 2 onces de viande
- 10,4 grammes de gras

1 portion de **moussaka avec viande** contient:

- 174 calories de plus
- un peu plus de protéines
- 2 fois et demi plus de gras

Poireaux gratinés

Ingrédients

2 mL (1/2 c. à café) de beurre ou *de margarine faiblement hydrogénée*
750 g (1 1/2 livre) de poireaux
625 mL (2 1/2 tasses) de sauce béchamel* préparée avec du lait écrémé et l'eau de cuisson des poireaux.
Une pincée de poivre de Cayenne
1 mL (1/4 c. à café) de sel et de poivre
Muscade si désiré
125 mL (1/2 tasse) de fromage parmesan râpé

Mode de préparation

1. Laver soigneusement les poireaux et retirer toute trace de terre; cuire dans une marguerite environ 15 minutes ou jusqu'à ce qu'ils soient tendres.
2. Régler la température du four à 190°C (375°F).
3. Badigeonner de margarine *ou* de beurre un plat à gratin moyen.
4. Étaler les poireaux cuits sur le fond du plat.
5. Mélanger la sauce béchamel avec les assaisonnements et verser sur les poireaux.
6. Parsemer de fromage parmesan râpé.
7. Cuire au four 30 à 35 minutes.

Donne 6 portions.

*Sauce béchamel

Ingrédients

60 mL (1/4 de tasse) de farine
60 mL (1/4 de tasse) d'huile de maïs
250 mL (1 tasse) de lait écrémé
375 mL (1 1/2 tasse) d'eau de cuisson des poireaux
Sel et poivre

NOTE: On sert ces poireaux comme entrée ou comme légume d'accompagnement.

1 portion contient:
- 161 calories
- 5,6 grammes de protéines
- 3,7 grammes de gras
- 0,6 grammes de fer

1 egg roll contient:
- 80 calories de plus
- 40% moins de protéines
- 5 fois plus de gras

Potage de légumes santé

Ingrédients

500 mL (2 tasses) de légumes coupés en gros morceaux (carottes, oignon, feuilles de laitue, céleri et feuilles de céleri, brocoli)
10 mL (2 c à thé) d'huile de maïs
250 mL (1 tasse) de fond de volaille ou d'eau de cuisson de légumes
250 mL (1 tasse) de lait écrémé ou 2%
Basilic, thym ou autre herbes au goût
Sel et poivre

Mode de préparation

1. Dans une grande casserole, mijoter tous les légumes dans le fond de volaille *ou* l'eau de cuisson de légumes environ 20 minutes *ou* jusqu'à ce que tous les légumes soient tendres.
2. Verser la moitié de la préparation dans le récipient du mixeur et réduire en une purée bien lisse; compléter avec l'autre moitié des légumes cuits.
3. Remettre la purée de légumes dans la casserole, sur le feu. Incorporer graduellement le lait et l'huile.
4. Réchauffer le tout; ajouter les herbes, le sel et le poivre.
5. Vérifier l'assaisonnement.
6. Servir aussitôt.

Donne 4 à 5 portions.

valeur nutritive comparée

1 portion contient:
- 47 calories
- 2 grammes de protéines
- 2 grammes de gras

1 portion de **crème de céleri** contient:
- 19 calories de plus
- un peu moins de protéines
- 2 fois plus de gras

Purée-mousse de navet et de pommes

Ingrédients

1 navet moyen pelé et coupé en gros morceaux
125 mL (1/2 tasse) de compote de pommes non
sucrée (ou plus selon la grosseur du navet)
Sel, poivre et muscade au goût

Mode de préparation

1. Cuire le navet dans un peu d'eau *ou* à la vapeur jusqu'à tendreté.
2. Dans le récipient en verre du mixeur, mettre le navet cuit et la compote de pommes (calculer environ 2 portions de navet pour 1 portion de compote) et réduire en purée.
3. Ajouter de l'eau de cuisson si nécessaire; assaisonner et servir bien chaud.

Donne 6 portions.

1 portion contient:
- 28 calories
- 0,7 grammes de protéines
- pas une trace de gras

250 mL (1 tasse) de **pommes de terre en purée** contient:
- 157 calories de plus
- plus de protéines
- 8 fois plus de gras

Salade personnalisée

Ingrédients

Verdures croustillantes (laitue Boston, romaine ou frisée, cresson)
Fines herbes fraîches: persil haché, ciboulette hachée, menthe fraîche hachée
Garniture au choix: amandes grillées hachées, graines de tournesol, croûtons, fèves germées, cubes de fromage, pois mange-tout, pois chiches cuits, tomates miniatures
Vinaigrette maison

Mode de préparation

1. Dans un grand saladier, déposer les verdures bien lavées et asséchées.
2. Remplir autant de petits plats que nécessaire avec les garnitures au choix et entourer le grand saladier de ces petits plats.
3. Préparer une bonne vinaigrette maison en respectant les proportions suivantes: trois fois d'huile pour une fois de vinaigre; délayer un peu de moutarde de Dijon dans le vinaigre puis ajouter l'huile en agitant continuellement; assaisonner de sel, de poivre et de fines herbes.
4. À la toute dernière minute, verser la vinaigrette sur les verdures et retourner légèrement. Encourager les convives à garnir leur salade selon l'inspiration du moment!

NOTE: On peut aussi offrir un choix de vinaigrettes, quelques quartiers de citron et ajouter des cubes de volaille ou de jambon au nombre des garnitures. On obtient ainsi une salade-repas.

Salade d'avocat et de courgettes

Ingrédients

500 g (1 livre) de courgettes fraîches
1 gousse d'ail émincée
1 mL (1/4 c. à café) d'estragon, de poivre, de sel et
de sucre
15 mL (1 c. à soupe) de vinaigre de vin blanc
45 mL (3 c. à soupe) d'huile de maïs
1 avocat bien mûr
Verdures croustillantes et brins de cresson si désiré.

Mode de préparation

1. Laver les courgettes, les trancher en rondelles de 12 mm (1/2 po) et cuire à la marguerite ou dans un peu d'eau environ 6 minutes.
2. Égoutter et laisser refroidir (conserver l'eau de cuisson).
3. Dans un petit bol, mélanger l'ail et les assaisonnements avec le vinaigre et l'huile.
4. Verser cette vinaigrette sur les courgettes, remuer délicatement et laisser mariner au réfrigérateur 6 heures ou toute une nuit.
5. Environ 1 heure avant le repas, peler et couper l'avocat en tranches.
6. Égoutter les courgettes tout en conservant la marinade.
7. Dans des petits plats individuels, déposer les feuilles de laitue et les recouvrir de rondelles de courgettes et de tranches d'avocat; garnir de cresson.
8. Servir la marinade ou la vinaigrette à part.

Donne 6 portions.

NOTE: Cette salade constitue une agréable "petite" entrée.

1 portion contient:

- 97 calories
- 1,1 grammes de protéines
- 10 grammes de gras

Salade d'épinards et de bacon

Ingrédients

1 sac d'épinards de 300 g (10 onces)
3 tranches de bacon bien croustillant et émietté
60 mL (1/4 de tasse) de vinaigrette à l'ail

Mode de préparation

1. Bien laver les épinards, les assécher, couper les queues et déchirer les feuilles en petits morceaux.
2. Déposer dans un saladier et ajouter le bacon émietté.
3. Verser la vinaigrette, bien mélanger et servir aussitôt.

Donne 5 à 6 portions.

1 portion contient:

- 92 calories
- 2,7 grammes de protéines
- 7,8 grammes de gras

1 portion de **laitue avec mayonnaise** contient:

- 41 calories de plus
- un peu moins de protéines
- 30% plus de gras

Salade de courgettes et de carottes

Ingrédients

3 carottes pelées
3 petites courgettes bien lavées et asséchées
3 oignons verts émincés
30 mL (2 c. à soupe) de jus de citron
60 mL (1/4 de tasse) d'huile de maïs ou d'olive
Cari, sel et poivre au goût

Mode de préparation

1. Trancher mince les carottes et les courgettes et les déposer dans un grand bol.
2. Ajouter les oignons verts.
3. Faire une vinaigrette avec les autres ingrédients; bien agiter et verser sur les légumes.
4. Mélanger le tout et laisser mariner plusieurs heures au réfrigérateur.

Donne 6 portions.

1 portion contient:
- 116 calories
- 1,5 gramme de protéines
- 9,1 grammes de gras

Salade de chou et de poivrons

Ingrédients

2 poivrons égrainés et émincés
1 petit oignon émincé
1/2 chou vert coupé finement
90 mL (6 c. à soupe) de mayonnaise minceur (voir page 189)
Sel et poivre au goût

Mode de préparation

1. Dans un saladier, mélanger les légumes; à la dernière minute, arroser avec la mayonnaise et servir aussitôt.

Donne 6 portions.

1 portion contient:
- 75 calories
- 1,3 grammes de protéines
- 6,4 grammes de gras

1 portion de **coleslaw** contient:
- 100 calories de plus
- une quantité équivalente de protéines
- 33% plus de gras

Salade de fèves germées

Ingrédients

500 mL (2 tasses) de fèves germées
1 carotte râpée
1 pomme pelée et râpée
60 mL (1/4 de tasse) de raisins secs
30 mL (2 c. à soupe) de mayonnaise minceur (voir page 189)

Mode de préparation

1. Dans un grand bol, mélanger les fèves germées, la carotte, la pomme et les raisins secs.
2. À la dernière minute, ajouter la mayonnaise minceur; mélanger délicatement et servir.

Donne 4 à 5 portions.

1 portion contient:

- 82 calories
- 2,2 grammes de protéines
- 2,7 grammes de gras
- 0,9 mg de fer

Soupe de tomates au pistou

Ingrédients

796 mL (28 onces) de tomates en conserve
1 oignon émincé
1 gousse d'ail émincée
1 carotte émincée
5 mL (1 c. à café) d'huile de maïs
2 mL (1/2 c. à café) de thym séché
1/2 feuille de laurier
2 mL (1/2 c. à café) de sel
750 mL (3 tasses) de fond de volaille ou d'eau de cuisson de légumes
10 mL (2 c. à café) de basilic séché et broyé ou 20 feuilles de basilic frais écrasé au pilon
5 mL (1 c. à café) d'huile d'olive

Mode de préparation

1. Verser les tomates dans un bol et couper en morceaux; conserver le jus.
2. Dans une grande casserole, dorer dans l'huile de maïs l'oignon, l'ail et la carotte.
3. Ajouter le thym, le laurier, le sel, les tomates et leur jus, le fond de volaille (ou l'eau de cuisson de légumes) et laisser mijoter à découvert pendant 20 minutes sur feu doux.
4. Retirer le laurier et à l'aide du mixeur réduire la préparation en crème lisse.
5. Remettre la soupe dans la casserole et chauffer légèrement.
6. Mêler le basilic bien écrasé à l'huile d'olive pour obtenir le pistou.
7. Au moment de servir, ajouter le pistou à la soupe et ajuster l'assaisonnement.

Donne 6 portions.

NOTE: Cette soupe peut être préparée à l'avance et réchauffée à la dernière minute à condition de n'ajouter le pistou qu'au dernier moment.

1 portion de 250 mL (1 tasse) contient:

- 54 calories
- 1,7 grammes de protéines
- 1,7 grammes de gras

1 portion de **crème de tomate** contient:

- 114 calories de plus
- plus de protéines
- 3 fois plus de gras

Chapitre IV
Foie, volaille et
poissons étranges

Brève présentation

L'association du foie, de la volaille et de quelques poissons dans un même chapitre n'est pas le fruit du hasard! Tous trois d'origine animale, les seuls du livre en fait, ces aliments cadrent bien avec une alimentation sage puisqu'ils fournissent de bonnes quantités de protéines complètes mais très peu de matières grasses.

LE FOIE

Délaissé par plus de la moitié de la population, le foie apporte au menu une dose exceptionnelle de fer, de zinc, d'acide folique et de vitamine A; malgré un contenu élevé en cholestérol, sa présence hebdomadaire au menu offre beaucoup plus d'avantages que d'inconvénients. Comme le révèle le Tableau 7, tous les foies n'ont pas les mêmes richesses et on s'explique mal le prix si élevé du foie de veau alors que le foie de porc renferme deux fois plus de fer... La viande rouge ne jouit-elle pas elle aussi d'une réputation surfaite, puisqu'elle ne fournit que la moitié du fer contenu dans le foie de poulet? Quant au boudin, classons-le une fois pour toutes parmi les viandes pauvres en protéines, pauvres en fer et riches en gras...

Viande glandulaire extrêmement périssable, le foie s'achète et se mange le jour même ou le lendemain. Cuit en pain ou en mousse, il se conserve quatre à cinq jours au réfrigérateur et se congèle bien.

LA VOLAILLE

La famille des oiseaux comestibles est grande et avantageuse sur le plan santé puisque la chair de volaille renferme trois à six fois moins de gras que celle des viandes rouges. Cependant, seule la dinde occupe une place dans ce chapitre car, à qualités nutritives égales, elle revient moins cher que les autres volailles.

LES POISSONS ÉTRANGES

Pour simplifier les présentations, considérons comme poisson toute espèce animale habitant l'eau douce ou salée. Soulignons que moins l'espèce est connue, moins elle coûte cher. La lotte, les moules, le calmar en particulier sont tellement méconnus chez nous qu'ils se vendent encore à prix très bas. L'aventure proposée est non seulement abordable mais très savoureuse! Passons vite chez le poissonnier!

7. VALEUR NUTRITIVE DE QUELQUES FOIES ET AUTRES VIANDES

VIANDE	Quantité	Calories	Protéines grammes	Fer mg
Boeuf haché mi-maigre	90 grammes (1 galette)	257	22	2,9
Boudin (10 cm ou 4 po)	60 grammes (1 bout)	226	9	1,3
Foie d'agneau	90 grammes (3 tranches)	234	29	16
Foie de boeuf frit	90 grammes (3 tranches)	206	24	8
Foie de porc frit	90 grammes (3 tranches)	217	27	26
Foie de poulet cuit	90 grammes (3 foies)	149	24	7
Foie de veau frit	90 grammes (3 tranches)	235	27	13

Bourride

Ingrédients

500 g (1 livre) de poisson blanc congelé (aiglefin, sole ou morue)
125 mL (1/2 tasse) d'oignon haché
1 gousse d'ail émincée
30 mL (2 c. à soupe) d'huile de maïs ou d'olive
795 mL (28 onces) de tomates en conserve
250 mL (1 tasse) de vin blanc sec
45 mL (3 c. à soupe) de noix finement hachées
45 mL (3 c. à soupe) de persil finement haché
1 feuille de laurier
1 pincée de poivre de Cayenne

Mode de préparation

1. Laisser le poisson congelé déballé à la température de la pièce 30 minutes; couper ensuite en morceaux de 5 cm (2 po).
2. Dans une grande casserole, dorer l'oignon et l'ail dans l'huile quelques minutes.
3. Ajouter les tomates, le vin, les noix, le persil, la feuille de laurier et le poivre de Cayenne.
4. Amener à ébullition et laisser bouillir 5 minutes.
5. Ajouter les morceaux de poisson et diminuer la température; couvrir et mijoter sur feu doux environ 20 minutes.
6. Servir avec un bon pain à l'ail ou aux herbes.

Donne 4 portions.

valeur
nutritive
comparée

1 portion contient:

- 284 calories
- 22 grammes de protéines
- 9,8 grammes de gras
- 2,5 mg de fer

250 mL (1 tasse) de **chowder aux palourdes** contient:

- un peu moins de calories
- 2 fois et demi moins de protéines
- 36% plus de gras

Croque-madame

Ingrédients

60 g (2 onces) de dinde cuite
10 mL (2 c. à café) de mayonnaise régulière ou *minceur*
1 English muffin *divisé en deux*
30 mL (2 c. à soupe) de fromage râpé (Mozzarella partiellement écrémé)
1 rondelle de poivron

Mode de préparation

1. Régler la température du four à 260°C (400°F).
2. Tartiner les moitiés de muffin avec la mayonnaise.
3. Trancher la dinde cuite en tranches fines; déposer sur le muffin.
4. Recouvrir avec le fromage râpé et la rondelle de poivron.
5. Faire griller au four quelques minutes jusqu'à ce que le fromage fonde.

Donne 1 portion.

1 portion contient:
- 356 calories
- 26 grammes de protéines
- 14,5 grammes de gras
- 2,8 mg de fer

1 Big Mac contient:
- 184 calories de plus
- pas plus de protéines
- deux fois plus de gras

Hamburger à la dinde

Ingrédients

> *375 mL (1 1/2 tasse) de dinde cuite coupée finement*
> *125 mL (1/2 tasse) de mie de pain de blé entier*
> *1 oignon émincé*
> *2 mL (1/2 c. à café) de sel*
> *1 oeuf*
> *30 mL (2 c. à soupe) de jus de tomate*
> *Poivre, paprika, sarriette et thym au goût*
> *15 mL (1 c. à soupe) d'huile de maïs*
> *4 pains à hamburger beurrés*

Mode de préparation

1. Bien mélanger tous les ingrédients sauf l'huile.
2. Façonner en 4 croquettes et dorer dans l'huile 2 minutes de chaque côté.
3. Servir sur les pains grillés et beurrés avec de la sauce aux canneberges si désiré.

Donne 4 hamburgers.

1 portion contient:
- 356 calories
- 21 grammes de protéines
- 11,5 grammes de gras

1 hamburger Fast Food contient:
- 64 calories de plus
- légèrement plus de protéines
- presque deux fois plus gras

Lotte en gigot

Ingrédients

1 morceau de lotte de 1,5 kg (2 1/2 à 3 livres)
30 mL (2 c. à soupe) d'huile d'olive
125 mL (1/2 tasse) d'eau tiède
Sel et poivre

Sauce

1 kg (2 livres) de tomates fraîches ou en conserve coupées en morceaux
250 g (1/2 livre) de champignons frais coupés en quartiers
5 à 10 mL (1 à 2 c. à café) d'huile
2 gousses d'ail émincées
15 mL (1 c. à soupe) de persil frais haché finement
Sel et poivre
125 mL (1/2 tasse) de lait concentré entier
Jus de citron au goût

Mode de préparation

1. Régler le four à 220°C (425°F).
2. Déposer le morceau de lotte dans un plat allant au four graissé et verser l'huile d'olive sur le poisson; assaisonner de sel et de poivre.
3. Cuire au four 15 minutes, puis baisser la température à 180°C (350°F).
4. Verser sur le poisson l'eau tiède et cuire un autre 30 minutes, arrosant la lotte à deux ou trois reprises.
5. Pendant ce temps, préparer la sauce.
6. Dans une casserole, cuire les tomates et réduire en purée épaisse.
7. Ajouter l'ail et le persil.
8. Dans une autre casserole, dorer les champignons dans l'huile et assaisonner.

9. Lorsque la lotte est cuite, recouvrir de la purée de tomates, des champignons et du lait concentré.

10. Ajuster l'assaisonnement et remettre au four pour un dernier 5 minutes à 220°C (425°F).

11. Servir dans le plat de cuisson.

Donne 6 bonnes portions.

1 portion contient:
- 205 calories
- 23 grammes de protéines
- 8,4 grammes de gras

90 grammes (3 onces) de **gigot d'agneau** contiennent:
- 30 calories de plus
- une quantité équivalente de protéines
- deux fois plus de gras

Moules à ma façon

Ingrédients

125 mL (1/2 tasse) d'oignon émincé
1 à 2 gousses d'ail émincées
15 mL (1 c. à soupe) d'huile
1 1/2 kg (3 livres) de moules ébarbées et nettoyées
250 mL (1 tasse) de vin blanc sec
Bouquet garni: persil, thym et feuille de laurier
1 mL (1/4 c. à café) de poivre

Mode de préparation

1. Dans une grande casserole, dorer l'oignon et l'ail dans l'huile quelques minutes.
2. Ajouter les moules, le vin blanc, le bouquet garni et le poivre.
3. Couvrir et amener à ébullition; diminuer la température et agiter la casserole afin de répartir les moules.
4. Cuire 5 à 8 minutes jusqu'à ce que les moules s'ouvrent.
5. Retirer les moules et conserver au chaud.
6. Réduire le liquide de cuisson.

Sauce

Ingrédients

15 mL (1 c. à soupe) de moutarde de Dijon
45 mL (3 c. à soupe) de vinaigre de vin
2 mL (1/2 c. à café) de sel et de poivre
60 mL (1/4 de tasse) d'huile
125 mL (1/2 tasse) de céleri haché finement
60 mL (1/4 de tasse) de persil frais et de ciboulette hachés finement.

Mode de préparation

1. Délayer la moutarde dans le vinaigre.
2. Ajouter les assaisonnements, l'huile, le céleri et les herbes.
3. Au moment de servir, verser cette vinaigrette dans le liquide de cuisson; mélanger rapidement et arroser les moules.

Donne 4 portions.

1 portion contient:
- 381 calories
- 12,5 grammes de protéines, soit presque l'équivalent de 2 onces de viande
- 20,6 grammes de gras

1 repas de palourdes et de frites contient:
- 209 calories de plus
- même quantité de protéines
- 30% plus de gras

Mousse de foie légère et savoureuse

Ingrédients

375 g (3/4 de livre) de foie de poulet ou autre foie
125 mL (1/2 tasse) de consommé
1 petit oignon légèrement coupé
1 gousse d'ail coupée en 3
1 blanc d'oeuf cuit dur
15 mL (1 c. à soupe) de mayonnaise
1 feuille de laurier
Sel, poivre et muscade au goût

Mode de préparation

1. Dans une casserole, cuire sur feu doux le foie, le consommé, l'oignon, l'ail et la feuille de laurier environ 15 minutes.
2. Dans le récipient en verre du mixeur, réduire en purée et ajouter les autres ingrédients.
3. Vérifier les assaisonnements et réfrigérer.

Donne environ 250 mL (1 tasse) de mousse de foie.

Une portion équivaut à 30 mL (2 c. à soupe).

valeur nutritive comparée

1 portion contient:
- 75 calories
- 9 grammes de protéines
- 3 grammes de gras
- 3,4 mg de fer

1 portion de **pâté de foie traditionnel** contient:
- 93 calories de plus
- 30% moins de protéines
- 5 fois plus de gras

Petits pains au foie et au jambon

Ingrédients

500 g (1 livre) de foie de boeuf ou de porc cuit et haché finement

250 g (1/2 livre) de jambon maigre cuit et haché finement

60 mL (1/4 de tasse) d'oignon émincé

60 mL (1/4 de tasse) de persil frais haché finement

1 oeuf légèrement battu

125 mL (1/2 tasse) de chapelure de blé entier fraîche

Sel et poivre au goût

Lait écrémé pour lier si nécessaire

Mode de préparation

1. Régler la température du four à 180°C (350°F).
2. Dans un grand bol, bien mélanger tous les ingrédients.
3. Verser la préparation dans des moules à muffins.
4. Cuire environ 30 minutes.
5. Démouler et servir chaud ou froid.

Donne 9 petits pains.

valeur nutritive comparée

1 petit pain contient:
- 138 calories
- 17 grammes de protéines
- 4,7 grammes de gras
- 10,9 mg de fer

1 tranche de **pain de viande régulier** contient:
- 126 calories de plus
- 7 grammes de protéines en moins
- 4 fois plus de gras
- 6 fois moins de fer

Pétoncles en fête

Ingrédients

1 gros oignon émincé
1 gros poivron finement haché
2 gousses d'ail émincées
10 mL (2 c. à café) d'huile de maïs
750 mL (3 tasses) de riz brun cuit (250 mL ou 1 tasse avant cuisson)
125 mL (1/2 tasse) d'eau de cuisson de légumes ou de fond de volaille
250 g (1/2 livre) de pétoncles fraîches ou congelées
15 mL (1 c. à soupe) d'huile de maïs
60 mL (1/4 de tasse) de persil frais haché finement
85 mL (1/3 de tasse) de noisettes hachées grossièrement
335 mL (1 1/3 tasse) de pêches fraîches ou en conserve sans sucre
5 mL (1 c. à café) de cari
1 mL (1/4 c. à café) de cumin
2 mL (1/2 c. à café) de sel

Mode de préparation

1. Dans un grand poêlon, dorer l'oignon, le poivron et l'ail dans l'huile.
2. Ajouter le riz cuit, ensuite l'eau de cuisson *ou* le fond de volaille et réchauffer le tout.
3. Incorporer les pétoncles, l'huile, le persil et cuire 5 à 8 minutes jusqu'à ce que les pétoncles soient blanches.
4. À la dernière minute, ajouter les pêches coupées en morceaux avec le restant des assaisonnements.
5. Saupoudrer de noisettes et servir chaud.

Donne 4 portions.

valeur nutritive comparée

1 portion contient:

- 356 calories
- 14 grammes de protéines
- 16 grammes de gras
- 2,8 mg de fer

1 portion de **pâté au saumon** contient:

- 211 calories de plus
- 2 fois plus de gras
- presque deux fois moins de fer

Pizza au saumon

Ingrédients

220 g (6 1/2 onces) de saumon en conserve
125 mL (1/2 tasse) de jus de saumon et de lait
(liquide de la conserve auquel on ajoute du lait)
500 mL (2 tasses) de mélange à biscuits à la
poudre à pâte ("Bisquick")
250 mL (1 tasse) de sauce tomate maison ou autre
125 g (4 onces) de fromage Mozzarella tranché
mince
250 mL (1 tasse) d'oignon émincé
125 mL (1/2 tasse) de poivron haché
250 mL (1 tasse) de champignons frais tranchés
1 mL (1/4 de c. à café) de marjolaine
Fromage parmesan râpé au goût

Mode de préparation

1. Régler la température du four à 230°C (450°F).
2. Égoutter le saumon; conserver le jus et compléter avec du lait pour obtenir 125 mL (1/2 tasse).
3. Mélanger ce liquide avec le mélange à biscuits et pétrir 8 à 10 fois.
4. Rouler la pâte en un cercle de 33 cm (12 po) et déposer dans un moule à pizza.
5. Recouvrir la pâte de sauce tomate; ajouter le fromage, le saumon émietté, les oignons, le poivron et les champignons.
6. Saupoudrer de marjolaine et de fromage parmesan râpé.
7. Cuire au four de 10 à 15 minutes.
8. Servir chaud.

Donne 6 portions.

1 portion contient:

- 303 calories
- 17 grammes de protéines
- 11,6 grammes de gras

1 portion de **"Pizza Suprême"** contient:

- 207 calories de plus
- plus de protéines
- presque deux fois plus de gras

Poisson blanc à la péruvienne

Ingrédients

30 mL (2 c. à soupe) d'huile de maïs
2 mL (1/2 c. à café) de curcuma
1 gros oignon émincé
5 tomates moyennes coupées en morceaux ou 540
mL (19 onces) de tomates en conserve égouttées
2 poivrons hachés
1 à 2 gousses d'ail émincées
5 mL (1 c. à café) d'origan
5 mL (1 c. à café) de sel
2 mL (1/2 c. à café) de poivre noir
750 g (1 1/2 livre) de flétan ou autre poisson blanc
coupé en darnes de 2 cm (1/2 po) d'épaisseur

Mode de préparation

1. Dans une grande casserole, réchauffer la moitié de l'huile et du curcuma; bien mélanger et retirer du feu.
2. Déposer au fond de la casserole la moitié de l'oignon, des tomates, des piments, de l'ail et des assaisonnements.
3. Recouvrir avec les tranches de poisson en une seule couche si possible.
4. Recouvrir le poisson avec le restant des légumes, des assaisonnements, de l'huile et du curcuma.
5. Mijoter sur feu doux une trentaine de minutes ou jusqu'à ce que le poisson soit bien blanc.

Donne 5 portions.

valeur
nutritive
comparée

1 portion contient:

- 217 calories
- 30 grammes de protéines
- 7,4 grammes de gras

1 portion de **"Filet-o-Fish"** contient:

- 183 calories de plus
- deux fois moins de protéines
- trois fois plus de gras

Salade de calmars et de crevettes

Ingrédients

750 g (1 1/2 livre) de calmars frais ou congelés, entiers
250 g (1/2 livre) de crevettes fraîches
45 mL (3 c. à soupe) d'huile de maïs ou d'olive
15 mL (1 c. à soupe) de vinaigre de vin ou de cidre
30 mL (2 c. à soupe) de jus de citron ou de lime
Sel et poivre
125 mL (1/2 tasse) de persil frais haché finement
2 oignons verts ou un paquet de ciboulette émincées
125 g (1/4 de livre) de champignons frais tranchés.

Mode de préparation

1. Arranger les calmars* et mijoter sur feu très doux dans un bouillon de légumes ou de l'eau environ 45 minutes.
2. Égoutter, refroidir et couper finement.
3. Plonger les crevettes fraîches dans de l'eau bouillante salée, acidulée avec quelques tranches de citron.
4. Retirer du feu et laisser dans cette eau environ 5 minutes.
5. Égoutter, refroidir et décortiquer.
6. Préparer une vinaigrette avec l'huile, le vinaigre et le jus de citron; assaisonner de sel et de poivre.

   Ajouter le persil et les oignons verts ou la ciboulette.
8. Mettre les calmars et les crevettes dans un bol moyen et ajouter la vinaigrette et les champignons.
9. Macérer au réfrigérateur quelques heures et servir sur un lit de laitue ou une couronne de cresson.

Donne 4 portions.

Préparation du calmar

A. Entailler au niveau des yeux et à l'aide du pouce et de l'index, sortir le bec adjacent non comestible.

B. Retirer le cartilage et les viscères à l'intérieur du tube. Peler la membrane extérieure sous l'eau froide et laver copieusement la cavité en retirant les tissus membraneux.

C. Entailler les tubes verticalement pour obtenir des anneaux ou couper de haut en bas et mettre en morceaux incluant les nageoires.

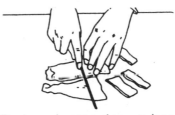

D. Les tentacules, tubes et nageoires peuvent aussi être hachés, émincés ou apprêtés entier.

valeur nutritive comparée

1 portion contient:
- 216 calories
- 22 grammes de protéines
- 11,6 grammes de gras

1 repas de **Fish and chips** contient:
- 234 calories de plus
- un peu plus de protéines
- presque deux fois plus de gras

Salade de dinde et de fruits

Ingrédients

250 g (1/2 livre) de dinde cuite, coupée en gros morceaux
125 mL (1/2 tasse) de raisins verts sans pépins
45 mL (3 c. à soupe) de raisins secs de Malaga trempés 20 minutes dans du jus de pomme chaud puis égouttés
1 branche de céleri coupée finement
45 mL (3 c. à soupe) d'amandes grillées coupées en bâtonnets
15 mL (1 c. à soupe) de mayonnaise
30 mL (2 c. à soupe) de yogourt nature
2 mL (1/2 c. à café) de paprika
Un soupçon de poivre de Cayenne
5 mL (1 c. à café) de jus de citron
Une demi-laitue bien verte, frisée si possible
4 tranches d'ananas égouttées et coupées en deux

Mode de préparation

1. Dans un grand bol, mélanger la dinde, les raisins, le céleri et les amandes.
2. Dans un petit bol, bien mélanger la mayonnaise, le yogourt et les assaisonnements.
3. Verser cette sauce sur la préparation de dinde et bien enrober.
4. Servir sur la laitue et garnir de tranches d'ananas.

Donne 4 portions.

valeur
nutritive
comparée

1 portion contient:

- 350 calories
- 22 grammes de protéines
- 13,4 grammes de gras

1 repas de **poulet frit** contient:
tient:

- 220 calories de plus
- un peu plus de protéines
- deux fois plus de gras

Chapitre V
Fruits et desserts sages

Qu'est-ce qu'un dessert sage?

Un dessert "sage" apporte du plaisir sans alourdir; il complète un repas sans lui nuire. Je pense aux fruits nature ou légèrement habillés après un repas consistant; je songe aussi à des desserts à base de lait, de yogourt ou de fromage frais pour parachever un mets principal plus léger.

Sans éliminer par "caloriephobie" toutes les douceurs de fin de repas, on peut tenter d'y voir plus clair en prenant connaissance du contenu de certaines recettes classiques de tartes et de gâteaux! On y découvre des quantités étonnantes de sucre et de gras...

Regardons par exemple des recettes traditionnelles donnant huit portions:

— si une recette de gâteau glacé contient 750 mL (3 tasses) de sucre, on retrouve 90 mL de sucre (18 c. à café) par morceau;

— si une recette de gâteau contient 500 mL (2 tasses) de sucre, on retrouve 60 mL de sucre (12 c. à café) par morceau;

— si la même recette contient 250 mL (1 tasse) de gras (beurre, margarine, huile ou autres matières grasses) on retrouve 30 mL de gras (6 c. à café) par portion en plus du sucre;

— si une recette de biscuits contient 250 mL (1 tasse) de sucre pour 2 douzaines de biscuits, on retrouve 10 mL de sucre (2 c. à café) par biscuit.

Pas surprenant que ces desserts "gourmands" contiennent un nombre imposant de calories!

S'ils sont considérés comme luxe occasionnel, pas de problème... ou si peu! Incorporés aux menus de tous les jours, ils risquent de coller à la ceinture, de ralentir la digestion et d'éliminer quasi-systématiquement la présece au menu des fruits, importante source de vitamines, de minéraux et de fibres alimentaires.

Desserts assagis: opération santé

À ce chapitre, il faut procéder par étapes car, malgré les meilleures intentions du monde, on ne perd pas le goût des desserts sucrés du jour au lendemain!

On ne parle pas d'oublier les desserts mais de les alléger, en soustrayant ou en substituant une partie des "ingrédients problèmes".

1. SOUSTRAYONS DU SUCRE

Même si dans l'alimentation d'aujourd'hui, notre principale source de sucre se cache dans les aliments transformés (boissons gazeuses, boissons et gelées à saveur de fruits, etc.), il est possible de couper graduellement la quantité de sucre incorporée aux desserts maison. Ainsi, les rages de sucre s'estomperont lentement...

— On peut facilement soustraire le tiers de la quantité de sucre demandée dans une recette traditionnelle de biscuits, de muffins, de gâteaux ou de garnitures de tartes sans nuire à la qualité du produit final.

— On peut cuisiner des pains aux bananes ou aux carottes à la place des gâteaux d'antan et oublier de les glacer pour économiser des sous et des calories.

— On peut s'habituer lentement à manger des fruits frais sans y ajouter de sucre; pour faciliter la transition, on choisit des fruits bien mûrs, naturellement plus sucrés que les autres. On remplace le sirop sucré dans la salade de fruits par du jus d'orange ou du jus de pomme; on parfume la compote de pommes maison avec de la cannelle et de la muscade et on délaisse progressivement le sucre.

— On encourage le yogourt nature au lieu du yogourt au fruits généreusement sucré pour nous; on ajoute au yogourt nature des fruits, frais, congelés sans sucre ou des fruits secs ou pour faciliter la transition, on mélange une quantité égale de yogourt aux fruits avec le yogourt nature pour réduire lentement la quantité du premier.

— On peut renoncer aux gelées de fruits pleines de sucre et aromatisées artificiellement et préparer des gelées avec des jus et des purées de fruits.

— On n'encourage pas le miel, même s'il renferme des "traces" d'éléments nutritifs, puisqu'il contient plus de calories que le sucre blanc.

En additionnant tout le sucre ajouté dans les recettes de ce chapitre, on obtient au total 225 mL, soit moins d'une tasse de sucre pour les 15 desserts sages proposés!

2. SOUSTRAYONS DU GRAS

— Une cuillérée de gras contient deux fois plus de calories qu'une cuillérée de sucre, ce qui signifie que la suppression d'une part de gras a plus d'impact sur le contenu en calories d'un dessert que la suppression d'une part de sucre.

— Quel que soit le gras utilisé dans une recette de gâteau ou de biscuits (beurre, margarine, huile ou graisse végétale), une diminution du quart ou du tiers de la quantité demandée allège sensiblement le dessert traditionnel.

— Une tarte à une croûte au lieu de deux contient près de 100 calories de moins par portion!

— Le yogourt nature étant trois fois moins gras que la crème sure, il peut la remplacer et faire bonne figure dans nombre de desserts.

— Le lait écrémé passe vraiment incognito dans un pain aux fruits, un muffin ou une crème, et il permet de véritables économies de gras et de calories.

— Une garniture fouettée* constituée de poudre de lait, d'eau froide et de jus de citron contient 40 fois moins de gras que la crème 35% et coûte six fois moins cher. Préparée à la dernière minute, elle décore le plus simple des desserts sans l'alourdir.

— Le fromage *cottage*, contenant 10 à 16 fois moins de gras que le fromage à la crème, peut remplacer ce dernier, une fois passé au mixeur ou au robot. Un dessert riche peut ainsi devenir un dessert sage.

Des fruits nature ou légèrement "habillés"

Parfumés par la brise, colorés par le soleil et débordants de sucre permis, les fruits fournissent deux à huit fois moins de calories et cinq à vingt fois moins de gras que certaines gourmandises traditionnelles (voir Tableaux 8 et 9). Ce sont nos desserts sages par excellence!

* 125 mL (1/2 tasse) de poudre de lait, 170 mL (2/3 tasse) d'eau froide et 15 mL (1 c. à soupe) de jus de citron battus ensemble jusqu'à consistance ferme. Donne 750 mL (3 tasses) de garniture.

— servis nature, ils constituent le vrai dessert santé instantané;
— cuisinés un tantinet, les fruits changent d'allure et rompent la monotonie;
— même pendant les mois d'hiver, de novembre à mars, on trouve sur nos marchés plusieurs variétés de fruits frais; ananas, banane, citron, lime, orange, pamplemousse, clémentine et tangerine, poire, pomme verte et rouge, raisins rouges, verts et bleus, en plus des fruits congelés sans sucre et des fruits en conserve dans leur propre jus! Alors, pas d'excuse...
— poires, bananes, compote de pommes, fraises fraîches ou congelées s'associent facilement à un yogourt nature pour devenir mousses légères et savoureuses;
— poires et pommes pochées, bananes ou fraises congelées réduites en purée ajoutent parfum et consistance à une gelée faite à partir d'une gélatine neutre et de jus de fruit;
— réels "entrepôts" de sucre, les fruits secs comme les raisins de Corinthe, les abricots, les pruneaux, les dattes et les figues se transforment facilement en mousse après une cuisson à l'eau ou au jus de fruit et une réduction au mixeur ou au robot;
— pochés dans un jus de pomme ou d'orange ou encore dans un vin blanc ou rouge, des fruits ordinaires comme la pomme ou la poire deviennent tendres et savoureux;
— lié à un yogourt nature relevé de gingembre, un ananas frais bien mûr, coupé en cubes, fait réellement peau neuve!

8. VALEUR NUTRITIVE DE QUELQUES FRUITS

FRUIT	Quantité	Calories	Potassium mg	Vitamine C mg	Gras
Ananas frais	250 mL (1 tasse)	79	216	25	0
Banane	175 grammes (1 fruit)	100	648	12	0
Fraises fraîches	250 mL (1 tasse)	55	257	88	1
Melon Honeydew	250 mL (1 tasse)	56	427	39	1
Orange	180 grammes (1 fruit)	65	360	66	0
Poire fraîche	182 grammes (1 fruit)	100	237	7	1
Pomme	150 grammes (1 fruit)	70	165	3	0

9. VALEUR NUTRITIVE DE QUELQUES DESSERTS TRADITIONNELS

ESSERT	Quantité	Calories	Gras (grammes)	Vitamine C (mg)	Potassium (mg)
arrés aux dattes	90 grammes (1 carré)	226	5	0	270
clair au chocolat vec crème âtissière	110 grammes (1 éclair)	315	15	0	134
âteau blanc vec glace	114 grammes (1/9 de gâteau)	400	12	0	73
âtisserie anoise	65 grammes (1 pâtisserie)	275	15	0	73
arte au citron vec meringue	140 grammes (1 pointe)	357	14	4	70
arte aux pommes 2 abaisses)	160 grammes (1 pointe)	410	18	0	128

L'ananas, le superbe

Ingrédients

1 gros ananas bien mûr, pelé, le coeur enlevé et coupé en tranches de 1,3 cm (1/2 po)
375 mL (1 1/2 tasse) de jus d'orange frais
30 mL (2 c. à soupe) de jus d'orange congelé non dilué
4 oranges non pelées, coupées en tranches de 0,6 cm (1/4 po)
60 mL (1/4 de tasse) d'amandes grillées
30 mL (2 c. à soupe) de liqueur à l'orange si désiré

Mode de préparation

1. Dans un grand plat de service, disposer les rondelles d'ananas.
2. Dans une grande casserole, faire chauffer le jus d'orange frais, le jus congelé et ajouter les tranches d'oranges; mijoter sur feu doux environ 20 minutes.
3. Retirer délicatement les tranches d'orange et déposer soigneusement le jus en prolongeant la cuisson de dix minutes.
5. Arroser les fruits et garnir avec les amandes.
6. Macérer au réfrigérateur environ 1 heure avant de servir.
7. Au dernier moment, arroser de liqueur à l'orange.

Donne 8 portions..

valeur
nutritive
comparée

1 portion contient:

- 140 calories
- 1,8 gramme de protéines
- 2,5 grammes de gras

1 portion de **salade de fruits en conseve dans un sirop épais** contient:

- 50 calories de plus
- un peu moins de protéines

Compote de melon Honeydew

Ingrédients

> *30 mL (2 c. à soupe) de jus de citron*
> *10 mL (2 c. à café) de sucre*
> *1 mL (1/4 c. à café) de gingembre moulu* ou
> *fraîchement râpé*
> *750 mL (3 tasses) de melon* Honeydew

Mode de préparation

1. Dans un bol moyen, mélanger le jus de citron, le sucre et le gingembre.
2. Couper le melon en deux, retirer les graines et tailler en cubes *ou* en petites boules.
3. Ajouter le melon à la sauce et macérer au réfrigérateur 1 heure ou 2 avant de servir.

Donne 4 portions.

1 portion contient:
- 48 calories
- très peu de sucre ajouté

1 portion de **compote de pommes commerciale** contient:
- 67 calories de plus
- plus de 20 mL (4 c. à café) de sucre ajouté

Compote de fraises et de rhubarbe

Ingrédients

500 grammes (1 livre) de rhubarbe fraîche ou *congelée*
60 mL (1/4 de tasse) de jus d'orange
60 mL (1/4 de tasse) de sucre
250 mL (1 tasse) de fraises fraîches ou *congelées sans sucre*

Mode de préparation

1. Couper la rhubarbe en morceaux de 5 cm (2 po).
2. Dans une casserole, mélanger le jus d'orange et le sucre et faire bouillir jusqu'à ce que le sucre soit bien dissous.
3. Ajouter la rhubarbe et mijoter 5 à 8 minutes.
4. Retirer du feu et ajouter les fraises congelées non dégelées.
5. Couvrir et laisser refroidir.

Donne 5 portions.

1 portion contient:
- 59 calories
- 0,7 mg de fer

1 portion de **compote de rhubarbe traditionnelle** contient:
- 141 calories de plus
- un peu moins de fer

Dessert minute

Ingrédients

2 bananes mûres écrasées
125 mL (1/2 tasse) de compote de pommes ou *de poires*
30 mL (2 c. à soupe) de beurre d'arachides
Cannelle ou *germe de blé au goût*

Mode de préparation

1. Bien mélanger tous les ingrédients à la cuillère *ou* à l'aide du mixeur *ou* du robot.
2. Verser dans des petits plats individuels.
3. Saupoudrer de cannelle *ou* de germe de blé.

Donne 4 petites portions.

1 portion contient:

- 102 calories
- 2,5 grammes de protéines
- 4 grammes de gras

1 portion de **pudding instantané au chocolat** contient:

- 80 calories de plus
- un peu plus de protéines
- un peu plus de gras

Gelée de fruits au jus d'orange

Ingrédients

1 sachet de gélatine neutre*
60 mL (1/4 de tasse) d'eau froide
125 mL (1/2 tasse) d'eau bouillante
180 mL (6 1/4 onces) de jus d'orange congelé non
sucré et non dilué
180 mL (6 1/4 onces) d'eau froide
125 mL (1/2 tasse) de fraises fraîches ou
décongelées sans sucre
1 banane mûre

Mode de préparation

1. Dans un grand bol, saupoudrer la gélatine sur les 60 mL (1/2 tasse) d'eau froide et laisser gonfler 5 minutes.
2. Verser l'eau bouillante sur la gélatine gonflée et agiter pour bien dissoudre.
3. Dans le récipient en verre du mixeur, déposer le jus d'orange congelé, l'eau froide, les fraises et la banane; mélanger pour obtenir une purée lisse.
4. Verser cette purée dans la gélatine dissoute et bien mélanger.
5. Réfrigérer quelques heures jusqu'à consistance ferme.

Donne 6 portions.

* La gélatine neutre et sans saveur utilisée dans toute les recettes du livre est de type "Knox".

valeur
nutritive
comparée

1 portion contient:

- 79 calories
- 0,4 mg de fer
- 64 mg de vitamine C

1 portion de **pudding au riz** contient:

- une quantité équivalente de fer
- pas de vitamine C

Gelée au jus de pomme

Ingrédients

1 sachet de gélatine neutre
60 mL (1/4 de tasse) d'eau froide
500 mL (2 tasses) de jus de pomme enrichi de vitamine C
1 bâton de cannelle

Mode de préparation

1. Dans un bol, dissoudre la gélatine dans l'eau froide et laisser gonfler environ 5 minutes.
2. Pendant ce temps, amener la moitié du jus de pomme à ébullition avec le bâton de cannelle; retirer du feu.
3. Enlever le bâton de cannelle et verser le jus chaud sur la gélatine gonflée; bien mélanger et ajouter le reste du jus.
4. Réfrigérer jusqu'à consistance ferme, environ 2 à 3 heures.

Donne 4 portions.

valeur nutritive comparée

1 portion contient:
- 69 calories
- 0,7 mg de fer
- 22 mg de vitamine C

1 portion de **Jell-O à saveur de fruit** contient:
- le même nombre de calories
- pas de fer
- pas de vitamine C
- 20 mL (4 c. à café) de sucre raffiné

Gelée au jus de raisin

Ingrédients

1 sachet de gélatine neutre
125 mL (1/2 tasse) d'eau froide
375 mL (1 1/2 tasse) de jus de raisin blanc
sans sucre
Le jus d'un demi-citron

Mode de préparation

1. Dans un bol, dissoudre la gélatine dans l'eau froide et laisser gonfler environ 5 minutes.
2. Pendant ce temps, porter à ébullition la moitié du jus de raisin.
3. Verser le jus bien chaud sur la gélatine gonflée et bien mélanger. Verser le reste du jus de raisin et le jus de citron et brasser légèrement.
4. Réfrigérer au moins 2 heures, jusqu'à consistance ferme.

Donne 4 portions.

1 portion contient:
* 64 calories

Gelée à la purée de poires

Ingrédients

1 sachet de gélatine neutre
60 mL (1/4 de tasse) d'eau froide
125 mL (1/2 tasse) d'eau bouillante
10 mL (2 c. à café) de cassonade
180 mL (6 1/4 onces) de jus d'orange congelé non sucré et non dilué
180 mL (6 1/4 onces) d'eau froide
250 mL (1 tasse) de purée de poires fraîches ou de poires en conserve dans leur jus*

Mode de préparation

1. Dans un grand bol, saupoudrer la gélatine sur les 60 mL (1/4 de tasse) d'eau froide et laisser gonfler 5 minutes.
2. Verser l'eau bouillante sur la gélatine gonflée et agiter pour bien dissoudre.
3. Dans le récipient en verre du mixeur ou dans un autre bol, verser le jus d'orange, la cassonade, la purée de poires et l'eau froide et mélanger pour obtenir une préparation lisse et homogène.
4. Verser cette préparation sur la gélatine dissoute et bien mélanger.
5. Réfrigérer quelques heures jusqu'à consistance ferme.

Donne 6 portions.

* On peut facilement remplacer la purée de poires par une purée de pêches fraîches ou en conserve sans sucre.

1 portion contient:

- 80 calories
- 56 mg de vitamine C

1 portion de **tapioca-minute à la vanille** contient:

- 90 calories de plus
- très peu de vitamine C

Mousse aux fruits et au yogourt

Ingrédients

250 mL (1 tasse) de yogourt nature
250 mL (1 tasse) de purée de fruits (pruneaux,
abricots, fraises ou compote de pommes)
Quelques noix ou graines hachées

Mode de préparation

1. Dans un grand bol, verser le yogourt et la purée de fruits et mélanger délicatement.
2. Verser dans des petits plats individuels et réfrigérer.
3. Au moment de servir, saupoudrer de noix ou de graines hachées.

Donne 4 portions.

1 portion contient:
- 68 calories
- 3,6 grammes de protéines
- 2,9 grammes de gras

1 portion de **crème glacée aux fraises** contient:
- 94 calories de plus
- un peu moins de protéines
- 2 fois et demi plus de gras

Mousse givrée aux fruits secs

Ingrédients

125 mL (1/2 tasse) d'eau froide
15 mL (1 c. à soupe) de jus de citron
170 mL (2/3 tasse) de poudre de lait écrémé
125 mL (1/2 tasse) de raisins secs
125 mL (1/2 tasse) de figues ou *de dattes*
85 mL (1/3 de tasse) d'eau
Le zeste d'une orange

Mode de préparation

1. Dans une petite casserole, verser 85 mL (1/3 de tasse) d'eau et mijoter les fruits secs environ 20 minutes sur feu doux. Retirer du feu et réduire en purée au mixeur *ou* au robot.
2. Dans le récipient du mixeur, verser l'eau froide, le jus de citron et la poudre de lait; battre jusqu'à consistance de crème fouettée.
3. Incorporer graduellement la purée de fruits secs et le zeste d'orange.
4. Verser la préparation dans un moule en aluminium et déposer au congélateur jusqu'à consistance ferme, soit environ trois heures.

Donne 6 portions.

valeur nutritive comparée

1 portion contient:
- 96 calories
- 2,3 grammes de protéines

1 portion de **sundae au chocolat** contient:
- 308 calories de plus
- plus de protéines
- 20 fois plus de gras

Poires meringuées

Ingrédients

4 poires bien mûres
60 mL (1/4 de tasse) de jus de pomme
2 blancs d'oeuf
10 à 15 mL (2 à 3 c. à café) de sucre en poudre
Vanille au goût

Mode de préparation

1. Régler le four à 180°C (350°F).
2. Peler les poires et les couper en morceaux; retirer le coeur et la queue.
3. Dans une casserole, déposer les morceaux de poires avec le jus de pomme et pocher sur feu doux 5 à 10 minutes; écraser à la fourchette pendant la cuisson.
4. Verser les poires pochées et réduites en compote dans un plat allant au four.
5. Battre les blancs d'oeuf en neige et incorporer le sucre en poudre et la vanille.
6. Recouvrir les poires avec la meringue.
7. Cuire au four pendant une quinzaine de minutes pour obtenir une meringue bien dorée.

Donne 5 portions.

1 portion contient:
- 98 calories
- 2,4 grammes de protéines
- 0,8 gramme de gras

1 portion de **tarte au citron meringuée** contient:
- 259 calories de plus
- un peu plus de protéines
- 17 fois plus de gras

Pommes et ananas au four

Ingrédients

6 grosses pommes à cuire pelées, vidées et coupées en rondelles.
5 mL (1 c. à café) de cannelle
15 mL (1 c. à soupe) de cassonade
398 mL (14 onces) d'ananas broyés sans sucre
60 mL (1/4 de tasse) de noix de Grenoble hachées finement

Mode de préparation

1. Régler le four à 180°C (350°F).
2. Huiler une assiette à tarte profonde et y déposer les rondelles de pommes.
3. Saupoudrer de cannelle et de cassonade.
4. Recouvrir les pommes avec les ananas broyés.
5. Saupoudrer de noix et cuire au four environ 40 minutes.

Donne 6 portions

1 portion contient:
- 143 calories
- 1,1 gramme de protéines
- 3,1 grammes de gras

1 portion de **croustade de pommes** contient:
- 216 calories de plus
- plus de protéines
- 4 fois plus de gras

Tarte au fromage cottage et aux bananes

Croûte

Ingrédients

185 mL (3/4 de tasse) de mie de pain de blé entier
60 mL (1/4 de tasse) de poudre de lait écrémé
3 mL (3/4 de c. à café) de cannelle
30 mL (2 c. à soupe) de farine d'avoine
15 mL (1 c. à soupe) de germe de blé
15 mL (1 c. à soupe) de graines de sésame
60 mL (1/4 de tasse) de beurre ou de margarine fondu
10 mL (2 c. à café) de miel

Mode de préparation

1. Dans un bol, mélanger tous les ingrédients, abaisser et foncer une assiette à tarte huilée de 23 cm (9 po).

Garniture

Ingrédients

250 mL (1 tasse) de fromage cottage
2 bananes mûres
250 mL (1 tasse) de yogourt nature
2 oeufs
Le jus et le zeste d'un demi-citron
45 mL (3 c. à soupe) de miel
1 mL (1/4 c. à café) de sel
60 mL (1/4 de tasse) de farine de blé entier
5 mL (1 c. à café) de vanille

Mode de préparation

1. Régler le four à 180°C (350°F).

2. Dans le récipient en verre du mixeur *ou* du robot, mélanger tous les ingrédients pour obtenir une préparation bien lisse.

3. Verser sur la croûte à tarte.

4. Cuire au four environ 25 à 30 minutes.

Donne 8 portions assez nutritives! À servir après un repas léger.

1/8 de tarte contient:
- 206 calories
- 15,8 grammes de protéines ou l'équivalent de 2 onces de viande
- 10,2 grammes de gras

1 morceau de **gâteau au fromage fait avec du fromage à la crème** contient:
- 107 calories de plus
- 2 fois moins de protéines
- 4 fois plus de gras

Tarte aux pommes permise!

Ingrédients

185 mL (3/4 tasse) de farine d'avoine ou gruau
60 mL (4 c. à soupe) de farine de blé entier
60 mL (4 c. à soupe) de germe de blé
30 mL (2 c. à soupe) de cassonade
1 mL (1/4 c. à café) de cannelle
1 mL (1/4 c. à café) de muscade
45 mL (3 c. à soupe) de beurre ou de margarine
fondu
454 grammes (1 livre) de pommes pelées, coupées
en moitiés et tranchées mince
3 oeufs moyens ou 2 gros
125 mL (1/2 tasse) de lait chaud
30 mL (2 c. à soupe) de cassonade
10 mL (2 c. à café) de vanille
30 mL (2 c. à soupe) de coulis d'abricots
(voir page 186)

Mode de préparation

1. Régler le four à 180°C (350°F).
2. Dans un bol moyen, verser les 6 premiers ingrédients. Ajouter le gras fondu et bien mélanger avec une fourchette ou les doigts.
3. Presser le tout dans une assiette à tarte de 23 cm (9 po). Cuire pendant 4 à 5 minutes.
4. Retirer du four et refroidir au moins 30 minutes.
5. Recouvrir le fond de tarte avec les tranches de pommes.
6. Régler le four à 190°C (375°F).
7. Battre les oeufs, le lait, la cassonade et la vanille; verser cette préparation sur les pommes.
8. Cuire 15 minutes.
9. Abaisser le four à 150°C (300°F).

10. Cuire encore 30 minutes ou jusqu'à ce que la préparation soit bien prise et dorée. Badigeonner le tout
avec le coulis d'abricots.

Servir tiède de préférence.

Donne 6 portions.

1 portion, soit 1/6 de la tarte contient:

- 186 calories
- 5,8 grammes de protéines
- 9 grammes de gras

1 portion de **tarte aux pommes traditionnelle** contient:

- 224 calories de plus
- un peu moins de protéines
- 2 fois plus de gras

Yogourt maison

Ingrédients

1 sachet de gélatine neutre
60 mL (1/4 de tasse) de lait froid
1 litre (4 tasses) de lait 2% ou écrémé
60 mL (1/4 de tasse) de poudre de lait écrémé
60 mL (1/4 de tasse) de yogourt nature

Mode de préparation

1. Dissoudre la gélatine dans le lait froid environ 5 minutes.
2. Mélanger le litre de lait à la poudre de lait écrémé et faire chauffer jusqu'au point d'ébullition (82°C *ou* 180°F); vérifier à l'aide d'un thermomètre.
3. Retirer du feu et ajouter la gélatine gonflée; laisser refroidir le mélange jusqu'à ce que le thermomètre indique 46°C (115°F), soit environ 20 minutes.
4. Dans un grand bol en pyrex ou en grès, mélanger le lait tiédi avec le yogourt.
5. Recouvrir le bol d'un papier "Saran" ou aluminium et envelopper dans une serviette de bain pour conserver la chaleur et éviter les courants d'air.
6. Déposer dans un endroit chaud qui ne dépasse pas 65°C (150°F) (four qui a chauffé, qui est éteint et dont on a vérifié la température ou près d'un radiateur ou dans une pièce chaude sans courant d'air.)   )
7. Laisser figer pendant 5 à 12 heures. Ne pas déplacer. Plus l'endroit est chaud, plus le yogourt prend rapidement. Dans un four éteint, il faut compter environ 8 à 10 heures (une nuit). Lorsqu'il est figé, réfrigérer immédiatement.

NOTE: La préparation du yogourt est simple mais délicate; le respect des températures est essentiel pour garantir le succès.

Donne 1,2 litre (5 tasses).

125 mL (4 onces) de yogourt au lait écrémé contient:

- 59 calories
- 4,5 grammes de protéines
- 1,3 gramme de gras

125 mL (4 onces) de **yogourt au lait partiellement écrémé** contient:

- 72,5 calories
- 4,5 grammes de protéines
- 3,2 grammes de gras

sauces , mayonnaises et tartinades santé

Chapitre VI
Sauces, mayonnaises
et "tartinades" santé

Des garnitures à reconsidérer

Tout est dans la sauce, même dans une cuisine sage! Les aliments-compléments présentés dans ce chapitre arrondissent le menu et enjolivent le plat sans encrasser le foie ni épaissir la taille! La grande différence entre les sauces ainsi que les "tartinades" traditionnelles et celles que je propose ici réside dans l'utilisation d'ingrédients moins riches:

- — pour les confitures, on compte sur les grandes quantités de sucre naturellement présentes dans les fruits séchés;
- — pour les fromages à tartiner, on choisit systématiquement des fromages contenant moins de 20% de gras;
- — pour les sauces à salade, on remplace l'huile ou la mayonnaise par du yogourt, du babeurre ou

des fromages moins gras et on assaisonne gaiement!

La liste des sauces sages ne s'arrête pas là!

— Un coulis de fraises ou de framboises préparé avec des fruits frais ou congelés sans sucre, passés au mixeur ou au robot avec un soupçon de sucre ou de jus de citron n'est pas à dédaigner.

— Une sauce béchamel préparée avec du lait écrémé et un fond de volaille ou de légumes devient beaucoup plus légère que celle cuisinée avec du lait entier ou encore avec de la crème...

— Une sauce coulis d'asperges ou d'artichauts "à la Guérard" préparée avec des légumes frais ou en conserve, associés à un fond de volaille puis passés au mixeur ou au robot ne contient pas un gramme de gras mais sait réjouir les fines bouches.

— Un bouillon dégraissé, épaissi d'une purée de champignons ou d'un autre légume, redonne au filet de poisson ou au morceau de volaille tout un air de fête.

Les fromages à pâte ferme sont plus gras que ceux à pâte molle

Même si on a longtemps catalogué les fromages crémeux comme des fromages gras, les analyses révèlent qu'il n'y a aucun lien entre la consistance d'un fromage et son contenu en gras.

En fait, des fromages aussi fermes que le gruyère, le parmesan ou le cheddar contiennent 6 à 9% plus de gras que des fromages plus crémeux comme le Brie, le Camembert ou le Gouda. On peut même dire que l'ensemble des fromages "fins", c'est-à-dire ceux qui ont fermenté un certain temps pour atteindre le degré de maturation et la saveur désirés, contiennent moins d'humidité et plus de gras que les fromages "frais" comme le Cottage, le Ricotta, le Mozzarella. Ces derniers, très crémeux, renferment plus d'humidité, moins de sel et moins de gras. (Voir tableaux 10 et 11.)

Ajoutons, pour bien les différencier, que le fromage "fin" est celui qui se conserve longtemps au réfrigérateur, tandis que le fromage "frais" est celui que l'on mange quelques jours après l'achat, sinon il se gâte.

En mangeant plus souvent des fromages "frais" que des fromages "fins", on diminue la quantité de gras au menu sans nuire au contenu nutritif du repas. Incorporés dans des recettes, ces fromages à saveur plutôt douce peuvent simplement épaissir une sauce si on le désire; relevés de fines herbes et d'ail, ils remplacent avec profit toute la gamme des fromages à la crème aromatisés, si gras et si peu nutritifs.

10. VALEUR NUTRITIVE DE QUELQUES FROMAGES "FINS"

FROMAGE	QUANTITÉ	CALORIES	PROTÉINES grammes	GRAS grammes	CALCIUM mg
BRIE	28 grammes (1 once)	95	5,8	7,8	52
CAMEMBERT	"	85	5,6	6,8	110
CHEDDAR	"	114	7	9,4	204
EDAM	"	101	7	7,8	207
GOUDA	"	101	7	7,7	198
GRUYÈRE	"	117	8,4	9,1	287
PARMESAN	"	129	11,7	8,5	390

11. VALEUR NUTRITIVE DE QUELQUE FROMAGES "FRAIS"

FROMAGE	QUANTITÉ	CALORIES	PROTÉINES grammes	GRAS grammes	CALCIUM mg
COTTAGE à la crème	113 grammes (4 onces)	117	14,1	5,1	68
COTTAGE écrémé	113 grammes (4 onces)	82	14	1,1	69
FETA	28 grammes (1 once)	75	4	6	140
MOZZARELLA au lait 2%	28 grammes (1 once)	72	6,8	4,5	183
RICOTTA au lait 2%	62 grammes (2 onces)	85	7	4,9	168

Boursin maison

Ingrédients

85 mL (1/3 de tasse) de fromage cottage
15 mL (1 c. à soupe) de beurre ou de margarine à la température de la pièce
30 mL (2 c. à soupe) de persil frais haché
2 gousses d'ail émincées
5 mL (1 c. à café) de sel et autres herbes si désiré

Mode de préparation

1. Égoutter le fromage cottage et bien écraser dans un bol.
2. Ajouter les autres ingrédients; bien mélanger.
3. Façonner une boule sur une planche légèrement huilée.
4. Réfrigérer et tartiner.

Donne 125 mL (1/2 tasse).

30 mL (2 c. à soupe) contient:
- 46 calories
- 3,2 grammes de protéines
- 3,4 grammes de gras

la même quantité de **Camembert** contient:
- 19 calories de plus
- un peu plus de protéines
- 2 fois plus de gras

Confiture et coulis d'abricot

Ingrédients

250 g (1/2 livre) d'abricots séchés
250 mL (1 tasse) d'eau

Mode de préparation

1. Dans une casserole, faire mijoter tous les ingrédients à feu doux environ 20 minutes.
2. À l'aide du mixeur *ou* du robot, réduire en purée.
3. Conserver au réfrigérateur.

Donne 250 mL (1 tasse).

NOTE: Pour préparer un "coulis" ou une sauce aux abricots, on double la quantité d'eau ou de jus. On utilise le coulis pour dorer une tarte aux pommes ou arroser des fruits en papillotte.

15 mL (1 c. à soupe) contient:
- 47 calories
- 0,7 mg de fer

La même quantité de **miel** contient:
- 18 calories de plus
- 7 fois moins de fer

Fromage à tartiner

Ingrédients

250 grammes (8 onces) de fromage Mozzarella râpé
15 mL (1 c. à soupe) de yogourt nature
2 mL (1/2 c. à café) de muscade
1 pincée de poudre de chili ou de poivre de Cayenne
60 mL (1/4 de tasse) de jus de pomme

Mode de préparation

1. Mélanger tous les ingrédients.
2. Conserver au réfrigérateur bien emballé.

Donne 250 mL (1 tasse).

valeur nutritive comparée

30 mL (2 c. à soupe) contiennent:

- 77 calories
- 6,6 grammes de protéines
- 4,5 grammes de gras

La même quantité de **"Cheeze Whiz"** contient:

- un peu plus de calories
- 33% moins de protéines
- 25% plus de gras

Marmelade de pruneaux

Ingrédients

360 g (12 onces) de pruneaux dénoyautés
250 mL (1 tasse) d'eau
Zeste d'une demi-orange

Mode de préparation

1. Dans une casserole, faire mijoter tous les ingrédients à feu doux environ 20 minutes.
2. À l'aide du mixeur ou du robot, réduire en purée.
3. Conserver au réfrigérateur.

Donne 500 mL (2 tasses).

15 mL (1 c. à soupe) contient:
- 27 calories
- 0,4 mg de fer

La même quantité de **marmelade** contient:
- presque 2 fois plus de calories
- 2 fois moins de fer

Mayonnaise minceur

Ingrédients

60 mL (1/4 de tasse) de mayonnaise
60 mL (1/4 de tasse) de yogourt nature
2 mL (1/2 c. à café) de jus de citron
2 mL (1/2 c. à café) de moutarde de Dijon
Sel et poivre
Une pincée de poudre de chili

Mode de préparation

1. Bien mélanger tous les ingrédients et servir ou réfrigérer.

Donne 125 mL (1/2 tasse).

15 mL (1 c. à soupe) contient:
- 61 calories
- 0,6 gramme de protéines
- 6,4 grammes de gras

La même quantité de **mayonnaise** contient:
- 49 calories de plus
- pas de protéines
- presque 2 fois plus de gras

Mayonnaise au Roquefort

Ingrédients

> *250 mL (1 tasse) de fromage* cottage
> *125 mL (1/2 tasse) de lait écrémé*
> *30 mL (2 c. à soupe) de jus de citron*
> *30 grammes (1 once) de fromage Roquefort*

Mode de préparation

1. Mélanger tous les ingrédients à l'aide du mixeur ou du robot ou simplement avec un fouet.

Donne 435 mL (1 3/4 tasse).

valeur nutritive comparée

15 mL (1 c. à soupe) contient:
- 15 calories
- 1,8 grammes de protéines
- 5,7 grammes de gras

La même quantité de **vinaigrette au Roquefort** contient habituellement:
- 60 calories de plus
- un peu moins de protéines
- 28% plus de gras

Ricotta maison

Ingrédients

1 litre (4 tasses) de lait entier
30 mL (2 c. à soupe) de jus de citron

Mode de préparation

1. Dans une casserole, chauffer le lait à 65°C (150°F) et retirer du feu aussitôt.
2. Ajouter le jus de citron et bien mélanger.
3. Laisser le mélange reposer à la température de la pièce toute une nuit.
4. Le lendemain, étendre deux épaisseurs de coton à fromage dans un tamis et verser la préparation en ayant soin de placer un bol en-dessous du tamis.
5. Laisser bien égoutter; conserver le résidu solide.
6. Réfrigérer et conserver bien emballé quelques jours.

Donne environ 250 mL (1 tasse).

valeur nutritive comparée

30 mL (2 c. à soupe) contiennent:
- 79 calories
- 4 grammes de protéines
- 4,5 grammes de gras

La même quantité de **fromage Cheddar fondu** contient:
- 33 calories de plus
- plus de protéines
- 2 fois plus de gras

Sauce au concombre

Ingrédients

125 mL (1/2 tasse) de babeurre
60 mL (1/4 tasse) de poudre de lait écrémé
30 mL (2 c. à soupe) de jus de citron
5 mL (1 c. à café) d'aneth frais
2 tiges de persil frais
2 mL (1/2 c. à café) de sel
1 pincée de poivre
Un demi-concombre pelé, égrainé et coupé

Mode de préparation

1. Mélanger tous les ingrédients à l'aide du mixeur ou du robot ou simplement avec un fouet.

Donne 250 mL (1 tasse).

15 mL (1 c. à soupe) contient:
- 8 calories
- peu de protéines
- très peu de gras

La même quantité de **mayonnaise** contient:
- 13 fois plus de calories
- pas de protéines
- 20 fois plus de gras

Sauce Mille-Iles

Ingrédients

250 mL (1 tasse) de yogourt nature
60 mL (1/4 de tasse) de pâte de tomates
1 gousse d'ail émincée
30 mL (2 c. à soupe) de ciboulette ou d'oignon vert émincé
2 mL (1/2 c. à café) de moutarde de Dijon
5 mL (1 c. à café) de paprika
10 mL (2 c. à café) de sauce Worcestershire
2 mL (1/2 c. à café) de sel
1 mL (1/4 c. à café) de cassonade

Mode de préparation

1. Mélanger tous les ingrédients à l'aide du mixeur ou du robot ou simplement avec un fouet.

Donne 375 mL (1 1/2 tasse).

15 mL (1 c. à soupe) contient:
- 12 calories
- 0,7 gramme de protéines
- 0,3 gramme de gras

La même quantité de la **sauce traditionnelle du même nom** contient:
- 5 fois plus de calories
- 20 fois plus de gras

Sauce tomate maison

Ingrédients

*1 kg (2 livres) de tomates mûres et pelées ou con-
gelées ou en conserve si désiré
2 oignons moyens émincés
2 à 3 gousses d'ail émincées
Origan, persil et autres herbes au goût*

Mode de préparation

1. Mettre tous les ingrédients dans une casserole et mijoter 30 à 45 minutes.

Donne 800 mL (3 1/4 tasses).

250 mL (1 tasse) contient:
- 85 calories
- 4,1 grammes de protéines
- 0,4 gramme de gras

La même quantité d'une **sauce
tomate traditionnelle** contient:
- 15% plus de calories
- même quantité de protéines
- 11 fois plus de gras

"Tartinade" au fromage cottage

Ingrédients

250 mL (1 tasse) de fromage Cottage
30 mL (2 c. à soupe) de jus d'orange congelé concentré
30 mL (2 c. à soupe) de fruits secs hachés finement
2 oignons verts émincés ou *un bon paquet de ciboulette*

Mode de préparation

1. Mélanger tous les ingrédients à l'aide du mixeur ou du robot.

Donne 250 mL (1 tasse).

30 mL (2 c. à soupe) contient:
- 40 calories
- 2,1 grammes de protéines
- 0,7 gramme de gras

La même quantité de **fromage à la crème** contient:
- 58 calories de plus
- 2 fois moins de protéines
- 7 fois plus de gras

Vinaigrette ultra-légère

Ingrédients

185 mL (3/4 de tasse) de jus d'ananas non sucré
185 mL (3/4 de tasse) de jus de tomate
15 mL (1 c. à soupe) de jus de citron fraîchement pressé
1 mL (1/4 c. à café) de sel
Un soupçon de poivre et de moutarde sèche
1 gousse d'ail pressée

Mode de préparation

1. Dans un bocal, bien mélanger tous les ingrédients et conserver au réfrigérateur jusqu'au moment de servir.

Donne 375 mL (1 1/2 tasse).

15 mL (1 c. à soupe) contient:
- 6 calories
- 0,1 gramme de gras

La même quantité de **vinaigrette française** contient:
- 12 fois plus de calories
- 40 fois plus de gras

Chapitre VII
Boissons et collations

Collations: pauses-santé

Les collations ne sont pas synonymes de tricheries et gourmandise quand on sait choisir les bons aliments et les intégrer au menu! En fait, les aliments mangés en petites quantités sont mieux absorbés et utilisés par l'organisme et souvent, un menu divisé en cinq ou six mini-repas s'avère plus sain que deux gros repas par jour.

— pour l'adolescent ou l'adolescente, plus il y a de collations et de repas dans une journée, moins il y a de risques de déficiences alimentaires;

— pour la femme enceinte et celle qui allaite, les collations constituent un moyen sûr de satisfaire des besoins nutritifs très élevés tout en favorisant les moments de détente;

— pour l'athlète ou le sportif, les collations permettent de récupérer les calories perdues au cours de l'activité physique et contribuent à maintenir un poids souhaitable;

— pour la personne âgée, un petit repas exige moins d'appétit; il est mieux accepté, mieux absorbé et plus facile à préparer;

— pour l'adulte sédentaire, la collation de l'avant-midi peut occasionnellement compléter un petit déjeuner déficient et celle de l'après midi peut "court-circuiter" un appétit trop aiguisé pour le "gros" repas du soir! Par contre, les collations en soirée sont souvent superflues et risquent de coller aux côtes...

Attention aux collations "liquides"!

Même si elles s'avalent rapidement, elles ne passent pas tout droit! Mise à part l'eau de source ou du robinet, rares sont les liquides qui contiennent moins de 50 calories par quatre gorgées. Même si le thé et le café nature font exception à cette règle, ce ne sont pas des boissons à consommer plusieurs fois par jour.

Pour mieux apprécier l'apport de nos collations liquides (voir Tableau 12), faisons le compte:

— malgré un contenu vitaminique certain, 3 bons verres (750 mL) de jus de fruit non sucré fournissent 360 calories, soit autant que 5 tranches de pain;

— 1 bouteille de vin rouge (750 mL) bue à deux fournit 490 calories par personne, soit autant que 6 tranches et demie de pain...

— 4 cafés "crème et sucre" fournissent 200 calories, soit presqu'autant que 3 tranches de pain; même si on utilise un substitut de crème en poudre, on ne fait aucune économie de calories;

— la consommation de 284 mL (10 onces) de boisson gazeuse par jour équivaut au bout de l'année à une consommation de 28 livres de sucre ou 40,150 calories vides!

Noix et graines à manger à la graine...

Riches en protéines, en minéraux et en fibres alimentaires, les noix et les graines sont très nutritives, ce qui n'est pas peu dire. Comme on peut le vérifier au Tableau 13, deux cuillères à soupe de noix fournissent près de 100 calories et 9 grammes de gras.

Grignotées en petites quantités, elles ne laissent aucune trace sur la balance ou sur les dents; mangées en grande quantité, elles procurent beaucoup de calories et de gras.

Code de signalisation des collations

Il y a quelques années, l'Association canadienne d'autodistribution, avec la collaboration de nutritionistes, lançait une classification des aliments vendus dans les distributrices automatiques afin d'améliorer le choix des collations impulsives, achetées et dévorées à toute heure du jour et de la nuit. Toujours très actuelle, cette classification peut être affichée sur la porte du frigo pour souligner les collations compatibles avec la santé... et les autres. Je reproduis ici les trois grands types de collations et vous souhaite bon appétit!

Collations feu vert: allez-y!

Aliments recommandés tant pour la santé en général que pour le bon état des dents, parce que riches en éléments nutritifs et pauvres en sucre. Peuvent être mangés au repas ou à la collation.

Jus de fruit non sucré

Jus de légume

Lait

Yogourt nature

Noix et graines (arachides, graines de tournesol, graines de sésame)

Maïs soufflé non sucré

Fromage et craquelins

Muffin de blé entier

Beurre d'arachides et craquelins

Bâtonnets de sésame

Fruits frais

Fruits en conserve sans sirop

Collations feu jaune: prenez garde!

Aliments riches en éléments nutritifs mais également riches en sucre; moins nocifs lorsqu'ils sont consommés avec un repas; ils ne sont pas, par conséquent, à conseiller au moment de la collation.

Pouding au lait (portion individuelle)

Fruits en conserve avec sirop

Biscuits à la farine d'avoine

Lait battu

Yogourt aromatisé

Raisins secs

Noix et raisins enrobés de chocolat

Lait de poule

Collations feu rouge: pensez-y bien!

Aliments ayant une valeur nutritive douteuse parce que riches en sucre ou en matières grasses; ils constituent donc une source de calories superflues. À consommer seulement après un repas bien balancé, lorsqu'on peut se permettre des calories additionnelles.

Bâtonnets au fromage

Boisson à saveur de fruit

Croustilles

Tartelettes aux fruits ou glacées

Bonbons

Tablette de chocolat

Biscuit sandwich

Gâteau glacé

Beigne

Boisson gazeuse

12. VALEUR NUTRITIVE DE QUELQUES COLLATIONS LIQUIDES

BOISSONS	QUANTITÉ	CALORIES	VITAMINE C mg	CALCIUM mg	FER mg
Bière	341 mL (1 bouteille)	150	0	18	0
Boissons à base de cristaux enrichis de vitamine	250 mL (8 onces)	143	60	0	0
Cola	200 mL (7 onces)	77	0	0	0
Jus d'orange frais ou congelé reconstitué	250 mL (8 onces)	120	131	29	0,5

Lait entier	250 mL (8 onces)	157	2	306	0,1
Lait 2%	250 mL (8 onces)	129	2	315	0,1
Lait écrémé	250 mL (8 onces)	90	2	317	0,1
Vin blanc	105 mL (3 1/2 onces)	85	0	9	0,4
Vin rouge	105 mL (3 1/2 onces)	137	0	8	

13. VALEUR NUTRITIVE DE QUELQUES NOIX ET GRAINES

NOIX et GRAINES	QUANTITÉ	CALORIES	PROTÉINES grammes	CALCIUM mg	FER mg	GRAS grammes
Amandes	30 mL 2 c. à soupe	107	3,3	42	0,9	9,8
Arachides	''	105	4,5	13	0,3	9,1
Graines de courge ou de citrouille	''	92	4,8	8,5	1,8	7,8
Graines de sésame	''	94	3	18	0,4	8,6
Graines de tournesol	''	102	4,4	22	1,2	8,6
Noix de grenoble	''	104	2	16	0,4	10

Boisson aux pruneaux

Ingrédients

125 mL (1/2 tasse) de jus de pruneaux
60 mL (1/4 tasse) de jus d'orange sans sucre

Mode de préparation

1. Bien mélanger et servir froid.

Donne 1 portion

NOTE: Particulièrement recommandée aux adolescentes ainsi qu'aux femmes enceintes ou allaitantes à cause de sa richesse en fer.

1 portion contient:
- 121 calories
- 5,2 mg de fer

La même quantité de **boisson préparée à partir de cristaux** contient:
- une quantité équivalente de calories
- pas une trace de fer
- plein de sucre ajouté

Boisson veloutée au raisin

Ingrédients

185 mL (6 onces) de jus de raisin congelé concentré non dilué
375 mL (1 1/2 tasse) de yogourt nature
60 mL (1/4 de tasse) de jus d'orange sans sucre

Mode de préparation

1. Mélanger tous les ingrédients à l'aide du mixeur, du robot ou d'un fouet.

Donne 3 portions d'environ 250 mL (8 onces).

NOTE: Distribuée par les cantines-santé du ministère des Affaires sociales du Québec au cours de l'été 1980, cette boisson super-savoureuse mais riche en calories peut très bien compléter l'alimentation du sportif ou de l'adolescent affamé! Une portion contient presqu'autant de calcium que six onces de lait.

1 portion contient:
- 223 calories
- 6,1 grammes de gras
- 203 mg de calcium

La même quantité de **milkshake au choclat** contient:
- 137 calories de plus
- 33% plus de gras

Graines de citrouille ou de courge rôties

1. Retirer délicatement toutes les graines de la citrouille ou de la courge d'hiver (courgeron, courge musquée, courge de Hubbard); séparer les filaments et bien assécher sur un papier absorbant. (Ne pas rincer.)

2. Étendre sur une tôle à biscuits et laisser sécher quelques heures ou mieux, toute une nuit.

3. Arroser avec environ 5 mL (1 c. à thé) d'huile par tasse de graines et tenter de bien enrober. Saupoudrer de sel si désiré.

4. Cuire dans un four à 180°C (350°F) environ 30 minutes ou jusqu'à ce que les graines soient bien dorées.

5. Retirer du four et conserver dans un contenant fermé. Ranger dans un endroit frais.

Donne 250 mL (1 tasse) de graines par citrouille.

30 mL (2 c. à soupe) contient:
- 97 calories
- 8,4 grammes de gras
- 1,8 mg de fer

30 grammes (1 once) de **chocolat au lait** contient:
- 50 calories de plus
- 6% plus de gras
- 6 fois moins de fer

Super boisson aux fraises

Ingrédients

500 mL (2 tasses) de babeurre
250 mL (1 tasse) de fraises fraîches ou congelées sans sucre
85 mL (1/3 de tasse) de raisins secs

Mode de préparation

1. Faire gonfler les raisins dans l'eau environ 30 minutes.
2. Mélanger tous les ingrédients à l'aide du mixeur ou du robot.

Donne 3 portions de 250 mL (8 onces).

NOTE: Le babeurre ou lait de beurre contient autant de protéines et de calcium que le lait ordinaire mais quatre fois moins de gras. Une portion de cette boisson contient autant de calcium que cinq onces de lait.

valeur nutritive comparée

1 portion contient:
- 135 calories
- 1,6 gramme de gras
- 1,2 mg de fer

La même quantité de **milkshake à la vanille** contient:
- 100 calories de plus
- presque 7 fois plus de gras
- 6 fois moins de fer

Sources d'information

Valeur nutritive de quelques aliments usuels,
> Santé et Bien-être social, Canada
> Édition revisée, 1979.

Valeur nutritive des aliments
> Brault Dubuc, M. et Caron Lahaie, L.,
> Université de Montréal, 1978.

Nutritive Value of Convenience Foods
> Rezabek, K.,
> West Suburban Dietetic Association, 1979.

Nutritive Value of American Foods in Common Units,
> Agriculture Handbook no. 456,
> USDA, 1975.

Composition of Foods, Raw, Processed and Prepared,
> Agriculture Handbook no. 8,
> USDA, 1963.

Composition of Foods Dairy and Egg products Raw, Processed and Prepared,
> Agriculture Handbook no 8-1,
> USDA, 1976.

Sources d'inspiration pour les recettes

Pour élaborer les recettes de ce livre, je me suis souvent inspirée de recettes créées par des chefs reconnus ou des experts en art culinaire. Je partage avec vous mes sources d'inspiration.

La grande cuisine minceur, Guérard, Michel, Éditions Robert Laffont, Paris, 1976.

Ma cuisine du soleil, Vergé, Roger, Éditions Robert Laffont, Paris, 1978.

Sans viande et sans regrets, Lappé, Frances Moore, Éditions Étincelle, Montréal, 1976.

Laurel's Kitchen, Robertson, Flinders and Godfrey, Nilgiri Press, Californie, 1976.

Gastronomie sans sel, Hermann, Danièle, Éditions Robert Laffont, Paris, 1978.

Nutriplan, périodique, Procomad Inc., Montréal, 1980.

Perspectives, chronique de recettes, Oliver, Margo, Montréal, 1979-1980.

Index des tableaux

1. Valeur nutritive de quelques légumineuses   15
2. Tableau de cuisson des légumineuses   18
3. Éléments nutritifs contenus dans quatre tranches de pain de blé entier   51
4. Valeur nutritive de quelques céréales et produits céréaliers   52
5. Tableau de cuisson des grains entiers   54
6. Valeur nutritive de quelques légumes verts, jaunes et blancs   82
7. Valeur nutritive de quelques foies et autres viandes   127
8. Valeur nutritive de quelques fruits   156
9. Valeur nutritive de quelques desserts traditionnels   157
10. Valeur nutritive de quelques fromages fins   183
11. Valeur nutritive de quelques fromages frais   184
12. Valeur nutritive de quelques collations liquides   203
13. Valeur nutritive de quelques noix et graines   204

TABLE DES MATIÈRES

Introduction   9

Chapitre I   Mets sans viande à base de légumineuses

Les légumineuses, du marché à votre assiette   13
Haricots à la jamaïcaine   20
Haricots rouges aux fines herbes   22
Hummus   24
Lentilles burger   26
Pain de légumineuses avec sauce tomate et fromage   28
Pain pizza aux fèves rognons   30
Pâté de légumineuses à tartiner   32
Riz et haricots noirs sauce salsa   33
Salade de riz et de pois chiches   35
Salade de lentilles   36
Salade de légumineuses aux herbes   38
Sauce spaghetti aux lentilles   40
Soupe-repas aux pois cassés   42
Soupe-repas aux trois légumineuses   44

Chapitre II   Céréales, pain et grains entiers

Les grains entiers, du marché à votre assiette   49
Biscuits sages et bons   56
Carrés d'énergie   58
Céréales chaudes vite préparées   60
Le cadeau du boulanger!   61

"English muffins" maison au blé entier   62
Gruau à la méthode du thermos   64
Muffins au son   65
Pain de blé entier maison   67
Pain aux bananes et au son   69
Pain aux courgettes   71
Pâtes maison aux épinards   73
Pilaf   75
Riz espagnol   76
Tabboulé   77

Chapitre III   Les légumes, du potage à la salade

Les légumes, du marché à votre assiette   81
Aubergine aux fines herbes   87
Brocoli à la chinoise   88
Casserole toute simple de tomates et d'oignon   89
Chou-fleur sauce spéciale   90
Courgettes et tomates en coquilles   91
Courgeron farci   93
Crème de brocoli   95
Crêpes farcies aux légumes avec sauce
   aux épinards   97
Fèves germées maison   101
Jardinière d'hiver   103
Mariage d'automne   104
Moussaka végétarienne   106
Poireaux gratinés   108
Potage de légumes santé   110
Purée-mousse de navet et de pommes   112
Salade personnalisée   113
Salade d'avocat et de courgettes   114
Salade d'épinards et de bacon   116
Salade de courgettes et de carottes   117
Salade de chou et de poivrons   118
Salade de fèves germées   119
Soupe de tomates au pistou   120

Chapitre IV   Foie, volaille et poissons étranges

Brève présentation   125
Bourride   128
Croque-madame   130
Hamburger à la dinde   131
Lotte en gigot   132
Moules à ma façon   134
Mousse de foie légère et savoureuse   136
Petits pains au foie et au jambon   137
Pétoncles en fête   138
Pizza au saumon   140
Poisson blanc à la péruvienne   142
Salade de calmars et de crevettes   144
Préparation du calmar   145
Salade de dinde et de fruits   146

Chapitre V   Fruits et desserts sages

Qu'est-ce qu'un dessert sage?   151
L'ananas, le superbe   158
Compote de melon *Honeydew*   160
Compote de fraises et de rhubarbe   161
Dessert minute   162
Gelée de fruits au jus d'orange   163
Gelée au jus de pomme   165
Gelée au jus de raisin   166
Gelée à la purée de poires   167
Mousse aux fruits et au yogourt   169
Mousse givrée aux fruits secs   170
Poires meringuées   171
Pommes et ananas au four   172
Tarte au fromage *cottage* et aux bananes   173
Tarte aux pommes permise!   175
Yogourt maison   177

Chapitre VI   Sauces, mayonnaises et "tartinades" santé

Des garnitures à reconsidérer   181
Boursin maison   185

Confiture et coulis d'abricot   186
Fromage à tartiner   187
Marmelade de pruneaux   188
Mayonnaise minceur   189
Mayonnaise au Roquefort   190
Ricotta maison   191
Sauce au concombre   192
Sauce Mille-Îles   193
Sauce tomate maison   194
"Tartinade" de fromage *cottage*   195
Vinaigrette ultra-légère   196

Chapitre VII   Boissons et collations

Collations: pauses-santé   199
Boisson aux pruneaux   205
Boisson veloutée au raisin   206
Graines de citrouille ou de courge rôties   207
Super boisson aux fraises   208

Sources d'information   209
Sources d'inspiration pour les recettes   210
Index des tableaux   211

Ouvrages parus aux
ÉDITIONS
DE L'HOMME

sans * pour l'Amérique du Nord seulement
* pour l'Europe et l'Amérique du Nord
** pour l'Europe seulement

ALIMENTATION — SANTÉ

Allergies, Les, Dr Pierre Delorme
* Cellulite, La, Dr Jean-Paul Ostiguy
Conseils de mon médecin de famille, Les, Dr Maurice Lauzon
Contrôler votre poids, Dr Jean-Paul Ostiguy
Diététique dans la vie quotidienne, La, Louise Lambert-Lagacé
Face-lifting par l'exercice, Le, Senta Maria Rungé
* Guérir ses maux de dos, Dr Hamilton Hall

* Maigrir en santé, Denyse Hunter
* Maigrir, un nouveau régime de vie, Edwin Bayrd
Massage, Le, Byron Scott
Médecine esthétique, La, Dr Guylaine Lanctôt
* Régime pour maigrir, Marie-Josée Beaudoin
* Sport-santé et nutrition, Dr Jean-Paul Ostiguy
* Vivre jeune, Myra Waldo

ART CULINAIRE

Agneau, L', Jehane Benoit
Art d'apprêter les restes, L', Suzanne Lapointe
* Art de la cuisine chinoise, L', Stella Chan
Art de la table, L', Marguerite du Coffre
Boîte à lunch, La, Louise Lambert-Lagacé
Bonne table, La, Juliette Huot
Brasserie la Mère Clavet vous présente ses recettes, La, Léo Godon
Canapés et amuse-gueule
101 omelettes, Claude Marycette
Cocktails de Jacques Normand, Les, Jacques Normand
Confitures, Les, Misette Godard
* Congélation des aliments, La, Suzanne Lapointe
* Conserves, Les, Soeur Berthe
* Cuisine au wok, La, Charmaine Solomon
Cuisine chinoise, La, Lizette Gervais
Cuisine de Maman Lapointe, La, Suzanne Lapointe
Cuisine de Pol Martin, La, Pol Martin
Cuisine des 4 saisons, La, Hélène Durand-LaRoche

* Cuisine du monde entier, La, Jehane Benoit
Cuisine en fête, La, Juliette Lassonde
Cuisine facile aux micro-ondes, Pauline Saint-Amour
* Cuisine micro-ondes, La, Jehane Benoit
Desserts diététiques, Claude Poliquin
Du potager à la table, Paul Poullot, Pol Martin
En cuisinant de 5 à 6, Juliette Huot
* Faire son pain soi-même, Janice Murray Gill
* Fèves, haricots et autres légumineuses, Tess Mallos
Fondue et barbecue
* Fondues et flambées de Maman Lapointe, S. et L. Lapointe
Fruits, Les, John Goode
Gastronomie au Québec, La, Abel Benquet
Grande cuisine au Pernod, La, Suzanne Lapointe
Grillades, Les
* Guide complet du barman, Le, Jacques Normand
Hors-d'oeuvre, salades et buffets froids, Louis Dubois

1

Légumes, Les, John Goode
Liqueurs et philtres d'amour, Hélène Morasse
Ma cuisine maison, Jehane Benoit
Madame reçoit, Hélène Durand-LaRoche
* Menu de santé, Louise Lambert-Lagacé
Pâtes à toutes les sauces, Les, Lucette Lapointe
Pâtisserie, La, Maurice-Marie Bellot
Petite et grande cuisine végétarienne, Manon Bédard
Poissons et crustacés
Poissons et fruits de mer, Soeur Berthe
* Poulet à toutes les sauces, Le, Monique Thyraud de Vosjoli

Recettes à la bière des grandes cuisines Molson, Les, Marcel L. Beaulieu
Recettes au blender, Juliette Huot
Recettes de gibier, Suzanne Lapointe
Recettes de Juliette, Les, Juliette Huot
Recettes pour aider à maigrir, Dr Jean-Paul Ostiguy
Robot culinaire, Le, Pol Martin
Sauces pour tous les plats, Huguette Gaudette, Suzanne Colas
* Techniques culinaires, Les, Soeur Berthe
* Une cuisine sage, Louise Lambert-Lagacé
Vins, cocktails et spiritueux, Gilles Cloutier
Y'a du soleil dans votre assiette, Francine Georget

DOCUMENTS — BIOGRAPHIES

Art traditionnel au Québec, L', M. Lessard et H. Marquis
Artisanat québécois, T. I, Cyril Simard
Artisanat québécois, T. II, Cyril Simard
Artisanat québécois, T. III, Cyril Simard
Bien pensants, Les, Pierre Berton
Charlebois, qui es-tu? Benoît L'Herbier
Comité, Le, M. et P. Thyraud de Vosjoli
Daniel Johnson, T. I, Pierre Godin
Daniel Johnson, T. II, Pierre Godin
Deux innocents en Chine Rouge, Jacques Hébert, Pierre E. Trudeau
Duplessis, l'ascension, T. I, Conrad Black
Duplessis, le pouvoir, T. II, Conrad Black
Dynastie des Bronfman, La, Peter C. Newman
Écoles de rang au Québec, Les, Jacques Dorion
* Ermite, L', T. Lobsang Rampa
Establishment canadien, L', Peter C. Newman
Fabuleux Onassis, Le, Christian Cafarakis
Filière canadienne, La, Jean-Pierre Charbonneau
Frère André, Le, Micheline Lachance
Insolences du frère Untel, Les, Frère Untel
Invasion du Canada L', T. I, Pierre Berton
Invasion du Canada L', T. II, Pierre Berton
John A. Macdonald, T. I, Donald Creighton

John A. Macdonald, T. II, Donald Creighton
Lamia, P.L. Thyraud de Vosjoli
Magadan, Michel Solomon
Maison traditionnelle au Québec, La, M. Lessard, G. Vilandré
Mammifères de mon pays, Les, St-Denys-Duchesnay-Dumais
Masques et visages du spiritualisme contemporain, Julius Evola
Mastantuono, M. Mastantuono, M. Auger
Mon calvaire roumain, Michel Solomon
Moulins à eau de la vallée du St-Laurent, Les, F. Adam-Villeneuve, C. Felteau
Mozart raconté en 50 chefs-d'oeuvre, Paul Roussel
Nos aviateurs, Jacques Rivard
Nos soldats, George F.G. Stanley
Nouveaux Riches, Les, Peter C. Newman
Objets familiers de nos ancêtres, Les, Vermette, Genêt, Décarie-Audet
Oui, René Lévesque
* OVNI, Yurko Bondarchuck
Papillons du Québec, Les, B. Prévost et C. Veilleux
Patronage et patroneux, Alfred Hardy
Petite barbe, j'ai vécu 40 ans dans le Grand Nord, La, André Steinmann
* Pour entretenir la flamme, T. Lobsang Rampa
Prague, l'été des tanks, Desgraupes, Dumayet, Stanké
Prince de l'Église, le cardinal Léger, Le, Micheline Lachance

Provencher, le dernier des coureurs de bois, Paul Provencher
Réal Caouette, Marcel Huguet
Révolte contre le monde moderne, Julius Evola
Struma, Le, Michel Solomon
Temps des fêtes au Québec, Le, Raymond Montpetit
Terrorisme québécois, Le, Dr Gustave Morf

* Treizième chandelle, La, T. Lobsang Rampa
Troisième voie, La, Me Emile Colas
Trois vies de Pearson, Les, J.-M. Poliquin, J.R. Beal
Trudeau, le paradoxe, Anthony Westell
Vizzini, Sal Vizzini
Vrai visage de Duplessis, Le, Pierre Laporte

ENCYCLOPÉDIES

Encyclopédie de la chasse au Québec, Bernard Leiffet
Encyclopédie de la maison québécoise, M. Lessard, H. Marquis
* Encyclopédie de la santé de l'enfant, L', Richard I. Feinbloom
Encyclopédie des antiquités du Québec, M. Lessard, H. Marquis

Encyclopédie des oiseaux du Québec, W. Earl Godfrey
Encyclopédie du jardinier horticulteur, W.H. Perron
Encyclopédie du Québec, vol. I, Louis Landry
Encyclopédie du Québec, vol. II, Louis Landry

ENFANCE ET MATERNITÉ

* Aider son enfant en maternelle et en 1ère année, Louise Pedneault-Pontbriand
* Aider votre enfant à lire et à écrire, Louise Doyon-Richard
Avoir un enfant après 35 ans, Isabelle Robert
* Comment avoir des enfants heureux, Jacob Azerrad
Comment amuser nos enfants, Louis Stanké
* Comment nourrir son enfant, Louise Lambert-Lagacé
* Découvrez votre enfant par ses jeux, Didier Calvet
Des enfants découvrent l'agriculture, Didier Calvet
* Développement psychomoteur du bébé, Le, Didier Calvet
* Douze premiers mois de mon enfant, Les, Frank Caplan
Droits des futurs parents, Les, Valmai Howe Elkins
* En attendant notre enfant, Yvette Pratte-Marchessault
Enfant unique, L', Ellen Peck
* Éveillez votre enfant par des contes, Didier Calvet

* Exercices et jeux pour enfants, Trude Sekely
Femme enceinte, La, Dr Robert A. Bradley
Futur père, Yvette Pratte-Marchessault
* Jouons avec les lettres, Louise Doyon-Richard
* Langage de votre enfant, Le, Claude Langevin
Maman et son nouveau né, La, Trude Sekely
Merveilleuse histoire de la naissance, Dr Lionel Gendron
Pour bébé, le sein ou le biberon, Yvette Pratte-Marchessault
Pour vous future maman, Trude Sekely
* Préparez votre enfant à l'école, Louise Doyon-Richard
* Psychologie de l'enfant, La, Françoise Cholette-Pérusse
* Tout se joue avant la maternelle, Isuba Mansuka
* Trois premières années de mon enfant, Les, Dr Burton L. White
* Une naissance apprivoisée, Edith Fournier, Michel Moreau

LANGUE

Améliorez votre français, Jacques Laurin

* Anglais par la méthode choc, L', Jean-Louis Morgan

Corrigeons nos anglicismes, Jacques Laurin
* J'apprends l'anglais, G. Silicani et J. Grisé-Allard
Notre français et ses pièges, Jacques Laurin

Petit dictionnaire du joual au français, Augustin Turennes
Verbes, Les, Jacques Laurin

LITTÉRATURE

Adieu Québec, André Bruneau
Allocutaire, L', Gilbert Langlois
Arrivants, Les, collaboration
Berger, Les, Marcel Cabay-Marin
Bigaouette, Raymond Lévesque
Carnivores, Les, François Moreau
Carré St-Louis, Jean-Jules Richard
Centre-ville, Jean-Jules Richard
Chez les termites, Madeleine Ouellette-Michalska
Commettants de Caridad, Les, Yves Thériault
Danka, Marcel Godin
Débarque, La, Raymond Plante
Domaine Cassaubon, Le, Gilbert Langlois
Doux mal, Le, Andrée Maillet
D'un mur à l'autre, Paul-André Bibeau
Emprise, L', Gaétan Brulotte
Engrenage, L', Claudine Numainville
En hommage aux araignées, Esther Rochon
Faites de beaux rêves, Jacques Poulin
Fuite immobile, La, Gilles Archambault

J'parle tout seul quand Jean Narrache, Émile Coderre
Jeu des saisons, Le, Madeleine Ouellette-Michalska
Marche des grands cocus, La, Roger Fournier
Monde aime mieux..., Le, Clémence Desrochers
Mourir en automne, Claude DeCotret
N'Tsuk, Yves Thériault
Neuf jours de haine, Jean-Jules Richard
New medea, Monique Bosco
Outaragasipi, L', Claude Jasmin
Petite fleur du Vietnam, La, Clément Gaumont
Pièges, Jean-Jules Richard
Porte silence, Paul-André Bibeau
Requiem pour un père, François Moreau
Si tu savais..., Georges Dor
Tête blanche, Marie-Claire Blais
Trou, Le, Sylvain Chapdeleine
Visages de l'enfance, Les, Dominique Blondeau

LIVRES PRATIQUES — LOISIRS

Améliorons notre bridge, Charles A. Durand
* Art du dressage de défense et d'attaque, L', Gilles Chartier
* Art du pliage du papier, L', Robert Harbin
* Baladi, Le, Micheline d'Astous
* Ballet-jazz, Le, Allen Dow et Mike Michaelson
* Belles danses, Les, Allen Dow et Mike Michaelson
Bien nourrir son chat, Christian d'Orangeville
Bien nourrir son chien, Christian d'Orangeville
Bonnes idées de maman Lapointe, Les, Lucette Lapointe
* Bridge, Le, Vivianne Beaulieu
Budget, Le, en collaboration
Choix de carrières, T. I, Guy Milot
Choix de carrières, T. II, Guy Milot

Choix de carrières, T. III, Guy Milot
Collectionner les timbres, Yves Taschereau
Comment acheter et vendre sa maison, Lucile Brisebois
Comment rédiger son curriculum vitae, Julie Brazeau
Comment tirer le maximum d'une mini-calculatrice, Henry Mullish
Conseils aux inventeurs, Raymond-A. Robic
Construire sa maison en bois rustique, D. Mann et R. Skinulis
Crochet jacquard, Le, Brigitte Thérien
Cuir, Le, L. St-Hilaire, W. Vogt
* Découvrir son ordinateur personnel, François Faguy
Dentelle, La, Andrée-Anne de Sève
Dentelle II, La, Andrée-Anne de Sève
Dictionnaire des affaires, Le, Wilfrid Lebel

4

* **Dictionnaire des mots croisés — noms communs,** Paul Lasnier
* **Dictionnaire des mots croisés — noms propres,** Piquette-Lasnier-Gauthier
Dictionnaire économique et financier, Eugène Lafond
* **Dictionnaire raisonné des mots croisés,** Jacqueline Charron
Emploi idéal en 4 minutes, L', Geoffrey Lalonde
Étiquette du mariage, L', Marcelle Fortin-Jacques
Faire son testament soi-même, Me G. Poirier et M. Nadeau Lescault
Fins de partie aux dames, H. Tranquille et G. Lefebvre
Fléché, Le, F. Bourret, L. Lavigne
Frivolité, La, Alexandra Pineault-Vaillancourt
Gagster, Claude Landré
Guide complet de la couture, Le, Lise Chartier
* **Guide complet des cheveux, Le,** Phillip Kingsley
Guide du chauffage au bois, Le, Gordon Flagler
* **Guitare, La,** Peter Collins
Hypnotisme, L', Jean Manolesco
* **J'apprends à dessiner,** Joanna Nash
Jeu de la carte et ses techniques, Le, Charles A. Durand
Jeux de cartes, Les, George F. Hervey
* **Jeux de dés, Les,** Skip Frey
Jeux d'hier et d'aujourd'hui, S. Lavoie et Y. Morin
* **Jeux de société,** Louis Stanké
* **Jouets, Les,** Nicole Bolduc
* **Lignes de la main, Les,** Louis Stanké
Loi et vos droits, La, Me Paul-Émile Marchand
Magie et tours de passe-passe, Ian Adair
Magie par la science, La, Walter B. Gibson
* **Manuel de pilotage**
Marionnettes, Les, Roger Régnier
Mécanique de mon auto, La, Time Life Books
* **Mon chat, le soigner, le guérir,** Christian d'Orangeville

Nature et l'artisanat, La, Soeur Pauline Roy
* **Noeuds, Les,** George Russel Shaw
Nouveau guide du propriétaire et du locataire, Le, Mes M. Bolduc, M. Lavigne, J. Giroux
* **Ouverture aux échecs, L',** Camille Coudari
Papier mâché, Le, Roger Régnier
P'tite ferme, les animaux, La, Jean-Claude Trait
Petit manuel de la femme au travail, Lise Cardinal
Poids et mesures, calcul rapide, Louis Stanké
Races de chats, chats de race, Christian d'Orangeville
Races de chiens, chiens de race, Christian d'Orangeville
Roulez sans vous faire rouler, T. I, Philippe Edmonston
Roulez sans vous faire rouler, T. II, le guide des voitures d'occasion, Philippe Edmonston
Savoir-vivre d'aujourd'hui, Le, Marcelle Fortin-Jacques
Savoir-vivre, Nicole Germain
Scrabble, Le, Daniel Gallez
Secrétaire bilingue, Le/la, Wilfrid Lebel
Secrétaire efficace, La, Marian G. Simpson
Tapisserie, La, T.M. Perrier, N.B. Langlois
* **Taxidermie, La,** Jean Labrie
Tenir maison, Françoise Gaudet-Smet
Terre cuite, Robert Fortier
Tissage, Le, G. Galarneau, J. Grisé-Allard
Tout sur le macramé, Virginia I. Harvey
Trouvailles de Clémence, Les, Clémence Desrochers
2001 trucs ménagers, Lucille Godin
Vive la compagnie, Pierre Daigneault
Vitrail, Le, Claude Bettinger
Voir clair aux dames, H. Tranquille, G. Lefebvre
* **Voir clair aux échecs,** Henri Tranquille
* **Votre avenir par les cartes,** Louis Stanké
Votre discothèque, Paul Roussel

PHOTOGRAPHIE

* **8/super 8/16,** André Lafrance
* **Apprendre la photo de sport,** Denis Brodeur
* **Apprenez la photographie avec Antoine Desilets**

* **Chasse photographique, La,** Louis-Philippe Coiteux
* **Découvrez le monde merveilleux de la photographie,** Antoine Desilets
* **Je développe mes photos,** Antoine Desilets

* **Guide des accessoires et appareils photos, Le,** Antoine Desilets, Paul Taillefer
* **Je prends des photos,** Antoine Desilets
* **Photo à la portée de tous, La,** Antoine Desilets
* **Photo de A à Z, La,** Desilets, Coiteux, Gariépy
* **Photo Reportage,** Alain Renaud
* **Technique de la photo, La,** Antoine Desilets

PLANTES ET JARDINAGE

Arbres, haies et arbustes, Paul Pouliot
Automne, le jardinage aux quatre saisons, Paul Pouliot
* **Décoration intérieure par les plantes, La,** M. du Coffre, T. Debeur
Été, le jardinage aux quatre saisons, Paul Pouliot
Guide complet du jardinage, Le, Charles L. Wilson
Hiver, le jardinage aux quatre saisons, Paul Pouliot
Jardins d'intérieur et serres domestiques, Micheline Lachance

Jardin potager, la p'tite ferme, Le, Jean-Claude Trait
Je décore avec des fleurs, Mimi Bassili
Plantes d'intérieur, Les, Paul Pouliot
Printemps, le jardinage aux quatre saisons, Paul Pouliot
Techniques du jardinage, Les, Paul Pouliot
* **Terrariums, Les,** Ken Kayatta et Steven Schmidt
Votre pelouse, Paul Pouliot

PSYCHOLOGIE

Âge démasqué, L', Hubert de Ravinel
* **Aider mon patron à m'aider,** Eugène Houde
* **Amour, de l'exigence à la préférence, L',** Lucien Auger
Caractères et tempéraments, Claude-Gérard Sarrazin
* **Coeur à l'ouvrage, Le,** Gérald Lefebvre
* **Comment animer un groupe,** collaboration
* **Comment déborder d'énergie,** Jean-Paul Simard
* **Comment vaincre la gêne et la timidité,** René-Salvator Catta
* **Communication dans le couple, La,** Luc Granger
* **Communication et épanouissement personnel,** Lucien Auger
Complexes et psychanalyse, Pierre Valinieff
* **Contact,** Léonard et Nathalie Zunin
* **Courage de vivre, Le,** Dr Ari Kiev
Dynamique des groupes, J.M. Aubry, Y. Saint-Arnaud
* **Émotivité et efficacité au travail,** Eugène Houde
* **Être soi-même,** Dorothy Corkille Briggs
* **Facteur chance, Le,** Max Gunther
* **Fantasmes créateurs, Les,** J.L. Singer, E. Switzer

Frères — Soeurs, la rivalité fraternelle, Dr J.F. McDermott, Jr
* **Hypnose, bluff ou réalité?,** Alain Marillac
* **Interprétez vos rêves,** Louis Stanké
* **J'aime,** Yves Saint-Arnaud
* **Mise en forme psychologique, La,** Richard Corriere et Joseph Hart
* **Parle moi... j'ai des choses à te dire,** Jacques Salomé
Penser heureux, Lucien Auger
* **Personne humaine, La,** Yves Saint-Arnaud
* **Première impression, La,** Chris. L. Kleinke
* **Psychologie de l'amour romantique, La,** Dr Nathaniel Branden
* **S'affirmer et communiquer,** J.-M. Boisvert, M. Beaudry
* **S'aider soi-même,** Lucien Auger
* **S'aider soi-même davantage,** Lucien Auger
* **S'aimer pour la vie,** Dr Zev Wanderer et Erika Fabian
* **Savoir organiser, savoir décider,** Gérald Lefebvre
* **Savoir relaxer pour combattre le stress,** Dr Edmund Jacobson
* **Se changer,** Michael J. Mahoney
* **Se comprendre soi-même,** collaboration
* **Se concentrer pour être heureux,** Jean-Paul Simard

* Se connaître soi-même, Gérard Artaud
* Se contrôler par le biofeedback, Paul-tre Ligondé
* Se créer par la gestalt, Joseph Zinker
Se guérir de la sottise, Lucien Auger
S'entraider, Jacques Limoges
Séparation du couple, La, Dr Robert S. Weiss
* Trouver la paix en soi et avec les autres, Dr Theodor Rubin

* Vaincre ses peurs, Lucien Auger
* Vivre avec sa tête ou avec son coeur, Lucien Auger
Volonté, l'attention, la mémoire, La, Robert Tocquet
Votre personnalité, caractère..., Yves Benoit Morin
* Vouloir c'est pouvoir, Raymond Hull
Yoga, corps et pensée, Bruno Leclercq
Yoga des sphères, Le, Bruno Leclercq

SEXOLOGIE

* Avortement et contraception, Dr Henry Morgentaler
* Bien vivre sa ménopause, Dr Lionel Gendron
* Comment séduire les femmes, E. Weber, M. Cochran
* Comment séduire les hommes, Nicole Ariana
Fais voir! W. McBride et Dr H.F.-Hardt
* Femme enceinte et la sexualité, La, Elizabeth Bing, Libby Colman
Femme et le sexe, La, Dr Lionel Gendron
* Guide gynécologique de la femme moderne, Le, Dr Sheldon H. Sherry
Helga, Eric F. Bender

Homme et l'art érotique, L', Dr Lionel Gendron
Maladies transmises sexuellement, Les, Dr Lionel Gendron
Qu'est-ce qu'un homme? Dr Lionel Gendron
Quel est votre quotient psycho-sexuel? Dr Lionel Gendron
* Sexe au féminin, Le, Carmen Kerr
Sexualité, La, Dr Lionel Gendron
* Sexualité du jeune adolescent, La, Dr Lionel Gendron
Sexualité dynamique, La, Dr Paul Lefort
* Ta première expérience sexuelle, Dr Lionel Gendron et A.-M. Ratelle
* Yoga sexe, S. Piuze et Dr L. Gendron

SPORTS

ABC du hockey, L', Howie Meeker
* Aïkido — au-delà de l'agressivité, M. N.D. Villadorata et P. Grisard
Apprenez à patiner, Gaston Marcotte
* Armes de chasse, Les, Charles Petit-Martinon
* Badminton, Le, Jean Corbeil
Ballon sur glace, Le, Jean Corbeil
Bicyclette, La, Jean Corbeil
* Canoé-kayak, Le, Wolf Ruck
* Carte et boussole, Björn Kjellström
100 trucs de billard, Pierre Morin
Chasse et gibier du Québec, Greg Guardo, Raymond Bergeron
Chasseurs sachez chasser, Lucien B. Lapierre
* Comment se sortir du trou au golf, L. Brien et J. Barrette
* Comment vivre dans la nature, Bill Riviere
* Conditionnement physique, Le, Chevalier-Laferrière-Bergeron
* Corrigez vos défauts au golf, Yves Bergeron

Corrigez vos défauts au jogging, Yves Bergeron
Danse aérobique, La, Barbie Allen
* En forme après 50 ans, Trude Sekely
* En superforme par la méthode de la NASA, Dr Pierre Gravel
Entraînement par les poids et haltères, Frank Ryan
Équitation en plein air, L', Jean-Louis Chaumel
Exercices pour rester jeune, Trude Sekely
* Exercices pour toi et moi, Joanne Dussault-Corbeil
Femme et le karaté samouraï, La, Roger Lesourd
Guide du judo (technique debout), Le, Louis Arpin
* Guide du self-defense, Le, Louis Arpin.
* Guide de survie de l'armée américaine, Le
Guide du trappeur, Paul Provencher
Initiation à la plongée sous-marine, René Goblot

* **J'apprends à nager,** Régent LaCoursière
* **Jogging, Le,** Richard Chevalier
Jouez gagnant au golf, Luc Brien, Jacques Barrette
* **Jouons ensemble,** P. Provost, M.J. Villeneuve
* **Karaté, Le,** André Gilbert
* **Karaté Sankukai, Le,** Yoshinao Nanbu
Larry Robinson, le jeu défensif au hockey, Larry Robinson
Lutte olympique, La, Marcel Sauvé, Ronald Ricci
* **Marathon pour tous, Le,** P. Anctil, D. Bégin, P. Montuoro
Marche, La, Jean-François Pronovost
Maurice Richard, l'idole d'un peuple, Jean-Marie Pellerin
* **Médecine sportive, La,** M. Hoffman et Dr G. Mirkin
Mon coup de patin, le secret du hockey, John Wild
* **Musculation pour tous, La,** Serge Laferrière
Nadia, Denis Brodeur et Benoît Aubin
Natation de compétition, La, Régent LaCoursière
Navigation de plaisance au Québec, La, R. Desjardins et A. Ledoux
Mes observations sur les insectes, Paul Provencher
Mes observations sur les mammifères, Paul Provencher
Mes observations sur les oiseaux, Paul Provencher
Mes observations sur les poissons, Paul Provencher
Passes au hockey, Les, Chapleau-Frigon-Marcotte
Parachutisme, Le, Claude Bédard
Pêche à la mouche, La, Serge Marleau
Pêche au Québec, La, Michel Chamberland
Pistes de ski de fond au Québec, Les, C. Veilleux et B. Prévost
Planche à voile, La, P. Maillefer
* **Pour mieux jouer, 5 minutes de réchauffement,** Yves Bergeron

* **Programme XBX de l'aviation royale du Canada**
Puissance au centre, Jean Béliveau, Hugh Hood
Racquetball, Le, Jean Corbeil
Racquetball plus, Jean Corbeil
** **Randonnée pédestre, La,** Jean-François Pronovost
Raquette, La, William Osgood et Leslie Hurley
Règles du golf, Les, Yves Bergeron
Rivières et lacs canotables du Québec, F.Q.C.C.
* **S'améliorer au tennis,** Richard Chevalier
Secrets du baseball, Les, C. Raymond et J. Doucet
Ski nautique, Le, G. Athans Jr et A. Ward
* **Ski de randonnée, Le,** J. Corbeil, P. Anctil, D. Bégin
Soccer, Le, George Schwartz
* **Squash, Le,** Jean Corbeil
Squash, Le, Jim Rowland
Stratégie au hockey, La, John Meagher
Surhommes du sport, Les, Maurice Desjardins
Techniques du billard, Pierre Morin
* **Techniques du golf,** Luc Brien, Jacques Barrette
Techniques du hockey en U.R.S.S., André Ruel et Guy Dyotte
* **Techniques du tennis,** Ellwanger
* **Tennis, Le,** Denis Roch
Terry Fox, le marathon de l'espoir, J. Brown et G. Harvey
Tous les secrets de la chasse, Michel Chamberland
Troisième retrait, Le, C. Raymond, M. Gaudette
Vivre en forêt, Paul Provencher
Vivre en plein air, camping-caravaning, Pierre Gingras
Voie du guerrier, La, Massimo N. di Villadorata
Voile, La, Nick Kebedgy

Imprimé au Canada/Printed in Canada